맥스 루케이도의
예수님과 같이 걷기

In the Footsteps of the Savior
by Max Lucado

Copyright ⓒ 2023 Max Lucado
Originally published by Thomas Nelson, Nashville, TN, U.S.A.

This Korean edition copyright ⓒ 2024 by Word of Life Press, Seoul, Republic of Korea.
Published by arrangement with HarperCollins Christian Publishing, Inc.
through rMaeng2, Seoul, Republic of Korea.
All rights reserved.

이 한국어판의 저작권은 알맹2를 통하여 HarperCollins Christian Publishing, Inc.과
독점 계약한 생명의말씀사에 있습니다.
신저작권법에 의하여 한국 내에서 보호받는 저작물이므로 무단전재와 무단복제를 금합니다.

맥스 루케이도의
예수님과 같이 걷기

ⓒ 생명의말씀사 2024

2024년 4월 23일 1판 1쇄 발행
2024년 6월 18일 2쇄 발행

펴낸이 | 김창영
펴낸곳 | 생명의말씀사

등록 | 1962. 1. 10. No.300-1962-1
주소 | 서울시 종로구 경희궁1길 6 (03176)
전화 | 02)738-6555(본사)·02)3159-7979(영업)
팩스 | 02)739-3824(본사)·080-022-8585(영업)

기획편집 | 이주나
디자인 | 조현진
인쇄 | 영진문원
제본 | 다온바인텍

ISBN 978-89-04-16872-9 (03230)

저작권자의 허락 없이 이 책의 일부 또는 전체를
무단 복제, 전재, 발췌하면 저작권법에 의해 처벌을 받습니다.

Max Lucado

맥스 루케이도의
예수님과 같이 걷기

맥스 루케이도 지음
박상은 옮김

일러두기
본문에 인용한 성경은 개역개정을 기본으로 하였습니다.
이 책의 원서에 실린 다양한 번역본의 성경 인용은 현대인의 성경, 메시지, 새번역, 쉬운 성경, 우리말 성경을 사용하고 별도 표기하였습니다.

데날린과 나는 기쁜 마음으로
이 책을 스티브와 루스 딕에게 드립니다.
두 분의 재능과 헌신 덕분에
수만 명의 사람이 예수님이 거니시던 땅을 걸었습니다.
이스라엘의 축복인 두 분께
하나님의 복이 함께하시기를.

차 례

감사의 글   8
시작하는 글   10

1부. 여행 베들레헴
별이 총총한 하늘과 피곤에 찌든 여행자, 양치기, 아기를 만난 그곳

1장. 도착   16

2장. 목수의 가족으로 사시다   32

3장. 집을 떠나시다   50

2부. 일 갈릴리 바닷가
우리 모두의 고향, 예수님이 가장 많은 시간을 보내신 그곳

4장. 염려를 마주하시다   66

5장. 폭풍우 속으로 오시다   86

6장. 가르치시고, 가르치시고, 가르치시다   112

7장. 마음을 쓰시다   128

3부. 길 예루살렘

당신 없는 삶보다, 당신을 위한 죽음을 택하신 소망의 그곳

8장. 몸을 굽히시다　166

9장. 변하지 않는 진리를 말씀하시다　184

10장. 겟세마네 올리브 나무 사이에서　208

11장. 슬픔을 소망으로 만드시다　226

12장. 오셔서, 함께, 걸으시다　244

주　266

감사의 글

인스퍼레이션 크루즈 투어(Inspiration Cruises and Tours) 대표
스티브 딕에게
이 프로젝트의 기초가 된 이스라엘 여행을 기획하고 준비해 주셔서 감사드립니다.

사르엘 여행사(Sar-El Tours and Conferences) 새뮤얼 사맛자에게
이스라엘에 머무는 동안 보여 주신 친절과 영상 촬영을 지원해 주심에 감사드립니다.

마크 웨이징과 하퍼 크리스천 리소시즈(Harper Christian Resources) 팀원들에게
지구 반대편에서 찍은 영상으로 교육 자료를 만들어 주셔서 감사드립니다. 그리스도의 몸이 보여 주는 팀워크는 아름답습니다.

B 크리에이티브 포토그래피(B Creative Photography)의 베스 루빈에게
이 책의 원서에 담긴 이스라엘의 아름다움을 포착해 주셔서 감사드립니다.

이스라엘의 친절한 사람들에게

여러분의 나라를 사랑하는 이들을 두 팔 벌려 환영해 주셔서 감사드립니다.

스티브와 체릴 그린에게

여러 차례에 걸친 성지순례에도 지칠 줄 모르는 끈기로 세심히 살펴 주셔서 감사드립니다.

그레그와 수전 리건에게

우리와 함께 이스라엘 땅을 걸으며 이 책을 쓰도록 제안해 주셔서 감사드립니다.

안젤라 구즈먼과 재닌 매키버, 캐런 힐에게

이 프로젝트의 시작 단계부터 출판에 이르기까지 많은 도움을 주셔서 감사드립니다.

캐럴 바틀리와 안드레아 루케이도 램지, 마이클 브리그스, 팀 폴슨에게

출판 편집에 대한 여러분의 재능이 이 책을 가능하게 만들었습니다.

시작하는 글

내게 이스라엘에서 가장 좋아하는 장소 하나를 꼽으라고 한다면 선뜻 대답할 수 없으리라. 아마도 이렇게 말할 것 같다.

"그건 불가능해요. 좋아하는 곳이 너무 많은 걸요. 정원 무덤과 비아 돌로로사('고난의 길'이라는 뜻으로, 예수님이 십자가를 지고 걸으신 길을 뜻한다.—역주), 갈릴리 바다, 통곡의 벽…. 이 중에 어떻게 어느 하나를 고를 수 있겠어요?"

하지만 그럼에도 계속해서 하나만 고르라고 재촉한다면, 나는 한숨을 내쉬며 "알겠어요" 하고 말한 뒤 이스라엘 지도를 펼치고는 갈릴리 바다에서 북쪽으로 21마일 떨어진 곳을 가리킬 것이다. 그곳은 헤롯 대왕의 셋째 아들인 빌립 2세의 이름을 따서 가이사랴 빌립보라고 불리는 곳이다.

가이사랴 빌립보는 이스라엘의 최북단, 말 그대로 이스라엘과 세계의 경계에 위치한 매우 아름답고 드라마틱한 곳이다. 근사한 절벽이 있고, 그 밑에는 동굴이 있다. 방문객들은 절벽을 올려다보고 이어 동굴 안을 들여다본다. 동굴 바닥에서 솟아난 물은 강물로 흘러 들어간다.

참으로 아름다운 그곳에 그늘진 역사가 있다. 가이사랴 빌립보는 오랜 세월 우상숭배가 성행하던 곳이다. 인근에서 바알 신전 열네 곳이 발견되었다. 헤롯 대왕은 동굴 맞은편에 아우구스투스 황제를 위한 신전을 건립했으며, 주변에는 제우스와 그 밖의 그리스 로마 신들을 섬기던 신전이 있다.

여러 신 중에서도 특히 눈길을 끄는 건 판(Pan) 신이다. 동굴 안에서 산다고 알려진 그리스 신으로, 형용하기 힘든 성도착과 관련한다고 전해진다. 따라서 동굴과 거기서 흘러나오는 샘물에 '지옥의 입구'라는 이름이 붙은 것도 그리 놀라운 일은 아니다. 고대인들은 다 탐사할 수 없을 만큼 깊은 이 동굴을 지하 세계로 들어가는 입구로 여겼다.

예수님이 "사람들이 인자를 누구라 하느냐"(마 16:13)라는 중요한 질문을 던지신 곳이 바로 여기다. 제자들은 재빨리 대답했다. 그들은 마을 사이에 떠도는 이야기를 잘 알았던 것 같다. 사람들이 흔히 생각하는 세례 요한이라든가 엘리야, 예레미야 등을 앞다퉈 거론했다. 그러자 예수님은 제자들, 그들의 의견을 구하셨다.

"너희는 나를 누구라 하느냐?"

마치 예수님이 의도를 가지고 가난한 목수이신 그분과 세상의 화려한 종교를 대비시키며 물으시는 듯하다.

"너희는 나를 누구라 하느냐?"

우리 팀 십여 명의 사람들과 이스라엘 성지순례에 간 적이 있다. 나는 팀원들에게 각자 예수님이 하신 이 질문에 대답해 보지 않겠느냐고 제안했고, 사람들은 여기에 동의했다. 한 명 한 명에게 물었다. "당신은 예수님을 누구라고 하시겠어요?" 그들이 각자 자기의 언어로 믿음을 표현한 그 고백은 "주는 그리스도시요 살아 계신 하나님의 아들이시니이다"라는 베드로의 고백과 통했다.

예수님은 베드로의 고백을 들으시고는 이렇게 선언하셨다. "내가 이 반석 위에 내 교회를 세우리니 음부의 권세가 이기지 못하리라." 예수님이 동굴을 향해 마귀에게 도전하는 듯한 몸짓을 하시는 모습이 상상이 되는가? '지옥은 무너질 것이다. 이 모든 거짓과 부도덕, 기만과 죽음… 이러한 것들은 교회를 이기지 못할 것이다.' 이천 년이 지난 지금도 예수님의 선언은 여전히 굳건하다.

동굴 안에서 메아리치던 그 선언은 모든 시대를 통과하며 울려 퍼진다. 이 얼마나 놀라운 약속이고, 이 얼마나 근사한 장소인가!

이것이 예수님이 거니시던 땅의 경이로움이다. 이 땅의 제곱미터마다 메시지가 담겨 있는 듯하다. 이 책이 그 이야기들을 당신 삶에 가져다주기를 기도한다. 이 피곤한 세상은 구세주를 절실히 필요로 한다. 감사하게도 우리에게는 구세주가 계신다!

우리는 그분이 거니시던 곳을 걸을 수 있고, 그분의 약속을 곰곰이 생각해 볼 수 있다. 주님이 말씀하실 때 그 음성을 들을 수 있기를. 그리고 예수님의 걸음을 따라 함께 걸을 때 당신의 삶이 변화되기를!

1부

여행

예배당 — 베들레헴

베들레헴. 별이 총총한 하늘과 피곤에 찌든 여행자, 양치기, 그리고 새로 태어난 아기. 베들레헴은 인류 역사상 가장 놀라운 사건, 구세주가 겸손하게 사람의 몸을 입고 세상에 오신 순간을 상기시킨다.

그 위대한 사건이 있고 수 세기가 지난 오늘, 예수님이 탄생하신 장소로 추정되는 곳에 작은 예배당 하나가 서 있다. 예배당 안의 높다란 제단 뒤로는 은빛 램프로 어둠을 밝힌 동굴이 있다. 예배당 입구로 들어가 이 오래된 교회를 바라보라. 바닥에 박힌 별이 하늘의 왕이 탄생한 곳임을 알리는 조용한 동굴로 들어가라. 그러나 조건이 있다. 허리를 굽혀야 한다. 입구가 너무 낮아 서서는 들어갈 수가 없다. 그리스도를 뵐 때도 마찬가지다. 구세주를 뵙기 위해서는 무릎을 꿇어야 한다.

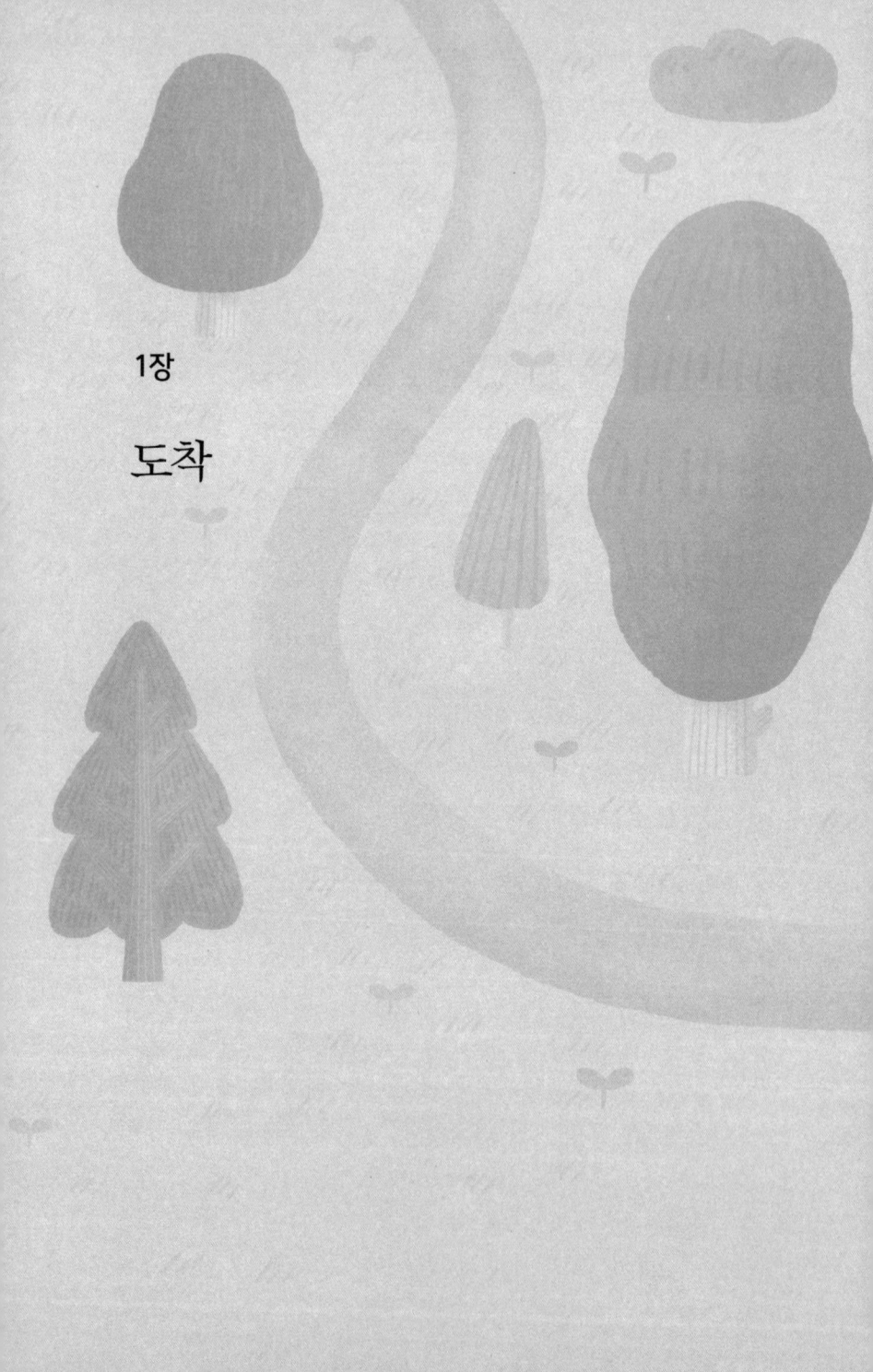

1장

도착

마을의 소음과 부산스러움은 여느 때보다 일찍 시작되었다. 밤이 새벽으로 넘어가며 거리에는 이미 사람들의 모습이 보인다. 행상들은 유동 인구가 많은 거리의 한 귀퉁이에 자리를 잡았고, 가게 주인들은 상점 문을 열었다. 개 짖는 소리와 짐수레를 끄는 나귀 울음소리에 아이들이 잠에서 깨어났다.

여관 주인은 대부분의 마을 사람보다 더 일찍 일어났다. 여관은 빈 침대가 없을 만큼 손님들로 가득했고, 매트리스와 담요도 여분이 없을 정도다. 곧 손님들이 잠에서 깰 터이고, 할 일은 태산이었다. 여관 주인이 아침 식탁에서 가족들과 대화를 나누는 광경을 생각하면 상상력에 불이 붙는다. 전날 밤 이곳에 도착한 젊은 부부에 대해 이야기를 꺼낸 사람이 있었을까? 그들의 안부를 궁금해한 사람이 있었을까? 나귀를 타고 온 어린 임산부에 관해 이야기한 사람이 있었을까? 어쩌면 누군가는 이야기했을 것이다. 하지만 잠시 입에 올린 데서 그쳤을 것이다. 그들 부부가 특별히 새로울 점은 없었다. 그들은 전날 밤에 방이 없어서 돌려보낸 손님 중 하나일 뿐이었으므로.

게다가 마을 전체가 그토록 들뜬 분위기에서 그 젊은 부부에 대해 이야기할 만큼 한가한 사람이 누가 있었을까? 아우구스투스 황제가 인구 조사를 실시하기로 하면서 베들레헴 경제에 지대한 영향을 미쳤다. 마을 경기가 그토록 호황일 때 누가 그 젊은 부부를 기억이나 할까.

그 부부에 대해 이야기를 꺼내거나 여인의 상태를 궁금해하는 사람은 없었을 것이다. 사람들은 너무도 바빴다. 새 하루를 시작했으니 빵도 구워야 하고 아침마다 해야 하는 일과도 있었다. 갓난아기의 모습으로 하나님이 이 세상에 오신다는 불가능한 일이 일어나리라고 상상하기에는 해야 할 일이 너무 많았다.

그렇지만 그날 아침, 베들레헴 근교의 양 축사를 발견한 사람이 있다면 그는 참으로 특이한 광경을 보았으리라. 모든 축사가 그렇듯 그곳은 냄새가 지독하다. 오줌 냄새와 똥 냄새 그리고 양이 내뿜는 고약한 체취까지…. 바닥은 딱딱하고 건초는 부족하다. 천장에는 거미줄이 달라붙어 있고, 생쥐 한 마리가 지저분한 바닥을 가로지른다. 아기가 태어나기에 이보다 더 낮은 곳도 없으리라.

한쪽에는 양치기들이 조용히 앉아 있다. 어쩌면 당황해서, 어쩌면 경이감에 휩싸인 채. 하지만 틀림없이 놀라움에 사로잡힌 채. 그들은 불침번을 서다가 하늘에서 내려오는 섬광을 보고 천사들의 합창 소리를 듣는다. 하나님은 그분의 음성을 들을 시간이 있는 사람들에게 가신다. 그래서 하나님은 그 구름 한 점 없는 밤에 양치기들에게 가셨다.

젊은 어머니 옆에 지친 기색이 역력한 아버지가 서 있다. 누군가 코를 고는 사람이 있다면 바로 그일 것이다. 그는 마지막으로 자리에 앉아본 때가 언제인지 기억조차 나지 않는다. 이제서야 소동이 조금 가라앉고 마리아와 아기가 편안해졌기에 그는 축사 벽에 기댄 채 졸고 있다. 그는 아직도 이 모든 게 잘 이해되지 않는다. 이 신비로운 사건에 어리둥절할 뿐이다. 그러나 지금은 그 문제와 씨름할 여력이 없다. 중요한 건 아기가 건강하고 마리아가 안전하다는 것. 졸음이 밀려오는 동안 그는 천사가 알려준 이름… '예수'를 떠올린다. "그 이름을 예수라 하라."

마리아는 눈이 말똥말똥하다. 오, 그녀가 얼마나 앳되어 보이는지! 마리아는 요셉의 말 안장의 부드러운 가죽에 머리를 기댄다. 통증은 사라지고 경이가 그 자리를 대신한다. 마리아는 아기의 얼굴을 들여다본다. 그녀의 아들, 그녀의 주, 그녀의 왕. 역사의 이 시점에 하나님이 누구이시고 그분이 무엇을 하고 계시는지 가장 잘 아는 사람은 냄새나는 이 축사 안의 마리아다. 그녀는 아기에게서 눈을 떼지 못한다. 어쩐 일인지 마리아는 그녀가 하나님을 안고 있음을 안다. '그러니까 이 아기가 바로 그이로구나.' 그녀는 천사가 한 말을 떠올린다.

"그의 나라는 끝없이 계속될 것이다."[1]

아기는 결코 왕처럼 보이지 않는다. 얼굴은 쭈글쭈글하고 빨갛다. 울음소리는 우렁차고 건강하지만 여전히 갓난아기의 무력하고 카랑한 소리다. 아기는 자신의 안녕을 전적으로 마리아에게 의존한다. 평범한 일상 속의 왕. 양의 분뇨와 땀 같은 오물 속의 하나님. 축사에서 목수가 곁을 지키는 가운데 마리아의 자궁을 통해 세상에 들어온 신성. 마리아는 아기 하나님의 얼굴을 만져 본다. '태어나기까지 참으로 긴 여행을 했구나!'

이 아기는 우주를 내려다보던 그분이시다. 그분을 따스히 감싼 이 헝겊은 영원의 옷자락이었다. 그분의 황금빛 어전은 지저분한 축사로 바뀌었고, 그분을 경배하던 천사들은 친절하지만 혼란스러워하는 양치기들로 대체되었다.

그 사이, 도시가 깨어나기 시작했다. 상인들은 하나님이 세상에 오신 것을 알지 못한다. 여관 주인은 자신이 하나님을 냉대한 것이 믿기지 않을 것이다. 사람들은 그들이 사는 마을 가까운 곳에서, 한 소녀의 품에 메시아가 안겨 있다고 말하는 이를 비웃을 것이다. 사람들은 그런 가능성을 생각하기에는 너무 바빴다. 그날 밤, 왕의 '도착'을 놓친 사람들은 그릇된 행동이나 의도 때문이 아니라 단지 보지 않고 있었기에 놓쳤다. 그리고 이것은 이천 년이 지나도록 크게 달라지지 않았다.

오직 한 가지 일에

인생은 이대로도 충분히 힘들다. 방향이 잘못되었을 때는 더더욱 힘들다. 예수님의 놀라운 능력 중 하나는 목표에 대해 집중하시는 것이다. 예수님의 삶은 궤도를 벗어난 적이 없으셨다. 돈도, 컴퓨터도, 전용 제트기도, 비서나 보좌진도 없으셨지만 우리 중 많은 사람이 하지 못한 일을 하셨다. 목표하신 대로의 삶을 사신 것이다.

예수님 앞에는 여러 선택지가 가득한 미래가 펼쳐져 있었다. 예수님은 혁명가가 되실 수도, 국가 지도자가 되실 수도 있었다. 교사가 되거나 의사가 되실 수도 있었다. 그러나 예수님은 영혼을 구원하는 구세주가 되기로 하셨다. 누구든 예수님 곁에서 조금이라도 시간을 보낸 사람이라면 예수님의 이 말씀을 들어보았을 것이다. "인자가 온 것은 잃어버린 자를 찾아 구원하려 함이니라"(눅 19:10). "인자가 온 것은 섬김을 받으려 함이 아니라 도리어 섬기려 하고 자기 목숨을 많은 사람의 대속물로 주려 함이니라"(막 10:45).

예수님은 오직 한 가지 일에 집중하셨다. 나사렛의 목공소를 떠나시던 날, 예수님은 갈보리 십자가라고 하는 궁극적인 목표를 가지고 계셨다. 예수님은 마지막으로 하신 말씀이 "다 이루었다"(요 19:30)였을 정도로 그 목표에 집중하셨다.

예수님은 어떻게 "다 이루었다"고 말씀하실 수 있었을까? 아직도 배를 곯는 사람들과 아픈 사람들, 교육받지 못한 사람들과 사랑받지 못한 사람들이 많은데 예수님은 어떻게 다 이루었다고 말씀하실 수 있었을까? 답은 간단하다. 예수님은 정한 임무를 완수하셨다. 그분의 사명은 성취되었다. 화가는 붓을, 조각가는 끌을, 작가는 펜을 내려놓을 수 있다. 해야 할 일은 다 끝났다.

당신도 예수님처럼 말할 수 있으면 좋지 않을까? 인생을 돌아볼 때 부름받은 그 일을 완수했음을 알게 된다면 좋지 않을까?

산만한 마음을 위한 플랜(P.L.A.N)

우리 삶은 너무 산만한 경향이 있다. 우리는 트렌드가 바뀔 때마다 새로움에 이끌린다. 최신 유행에 몰두한다. 이 프로젝트를 하다가 금세 다른 프로젝트에 손을 댄다. 전략도 없고, 목표도 없고, 우선순위도 없다. 변덕스럽고 무질서하다. 망설이고 주춤거린다. 딸꾹질하며 살아가는 삶이다. 작은 일로 쉽게 마음이 산만해지고 정작 중요한 일은 잊어버린다.

어떻게 하면 이렇게 작은 일로 마음이 산만해지는 것을 막을 수 있을까? 하나님은 우리가 예수님처럼 중요한 일에 집중하기를 원하신다. 다음의 네 가지 질문에 답함으로써 예수님처럼 목표에 집중하는 삶을 살 수 있다. '나의 계획은 하나님의 계획과 일치하는가? 내가 바라는 것은 무엇인가? 나에게는 어떤 능력이 있는가? 나는 지금 하나님을 섬기고 있는가?'

나의 계획은 하나님의 계획(Plan)과 일치하는가?
로마서 8장 28절은 "하나님을 사랑하고 그의 계획에 부합하는 사람들에게는 모든 것이 합력하여 선을 이룬다"(롬 8:28, TLB)고 말한다. 목표에 집중하는 첫 단계는 "나는 하나님의 계획에 부합하는가?" 자문해 보는 것이다.

하나님의 계획은 그분의 자녀들을 구원하시는 것이다. "주께서는 … 아무도 멸망하지 아니하고 다 회개하기에 이르기를 원하시느니라"(벧후 3:9). 하나님의 계획이 세상을 구원하시는 것이라면 나의 목표 또한 같아야 한다. 구체적인 부분은 사람마다 다를 수 있지만, 큰 그림은 모든 사람에게 동일하다.

우리는 그리스도의 대사입니다. 하나님께서는 우리를 쓰셔서, 다툼을 버리고 서로의 관계를 바로잡으시는 하나님의 일에 참여하라고 사람들을 설득하게 하십니다(고후 5:20, 메시지).

미래가 어떻게 펼쳐질지는 알 수 없지만, 한 가지는 확실하다. 당신은 하나님이 계획하신 일에 쓰임받기 위해, 또한 사람들을 사랑하셔서 본향으로 데려가고자 하시는 하나님에 대해 알리도록 지음받았다. 하지만 정확히 하나님의 그 계획에 어떻게 쓰임받을 수 있는가? 당신은 무엇을 해야 하는가? 두 번째 질문을 통해 그 답을 알아보자.

내가 바라는 것은(Longing) 무엇인가?

이 질문이 놀랍게 느껴지는가? 어쩌면 나의 바라는 것과 인생은 아무런 상관이 없다고 생각할지도 모르겠다. 그러나 이보다 더 잘못된 생각도 없다. 마음은 대단히 중요하다. 시편 37편 4절은 말한다. "또 여호와를 기뻐하라 그가 네 마음의 소원을 네게 이루어 주시리로다." 하나님의 계획에 순종할 때 우리는 우리의 바람을 신뢰할 수 있다. 우리가 해야 할 일은 하나님의 계획과 우리의 즐거움이 교차하는 곳에 놓여 있다. 당신은 무엇을 좋아하는가? 무엇이 당신에게 기쁨을 주는가? 당신은 어떤 일에서 만족을 얻는가?

어떤 사람은 가난한 이들을 먹이는 일을 좋아하고, 또 어떤 사람은 교회를 이끄는 일을 즐긴다. 노래하기를 좋아하는 사람도 있고, 가르치기를 좋아하는 사람도 있다. 아픈 이의 손을 잡아 주기를 좋아하는 사람도 있고, 혼란을 겪는 이들을 상담해 주기를 좋아하는 사람도 있다. 우리는 각자 자신만의 방식으로 하나님을 섬기도록 만들어졌다.

우리를 창조하신 분은 하나님이십니다. 우리는 선한 일을 위해 그리스도 예수님 안에서 창조함을 받는데 이것은 하나님이 미리 준비하셔서 우리가 그렇게 살도록 하신 것입니다(엡 2:10, 현대인의 성경).

주는 내 몸의 모든 기관을 만드시고 어머니의 태에서 나를 베 짜듯이 지으셨습니다. … 주의 솜씨가 얼마나 훌륭한지 … 내가 보이지 않는 어머니 태에서 만들어지고 있을 그때에도 주는 내 형체를 보고 계셨습니다. 주는 내가 태어나기도 전에 나를 보셨으며 나를 위해 작정된 날이 하루도 시작되기 전에 그 모든 날이 주의 책에 기록되었습니다(시 139:13-16, 현대인의 성경).

당신은 주문 설계, 맞춤 제작되었다. 하나님은 당신이 태어나도록 미리 정하셨다. 어떠한 상황에서 태어났는지와 상관없이 당신은 우연히 태어나지 않았다. 하나님은 당신이 태어나기도 전에 당신을 계획하셨다. 마음의 소원도 우연히 생겨난 게 아니다. 그것은 매우 중요한 메시지다. 당신의 마음속 소망은 간과해서는 안 되며, 중요하게 고려해야 한다. 바람에 풍향계가 도는 것처럼 하나님은 당신의 열정을 사용하셔서 당신의 삶이 돌아가게 하신다. 하나님은 당신이 싫어하는 일을 요구하시기에는 너무나도 은혜로우시다.

그러나 주의해야 할 점이 있다. 능력이나 재능은 생각하지 않고 바라는 것만을 고려해서는 안 된다. 이제 세 번째 질문으로 넘어가 보자.

나에게는 어떤 능력(Ability)이 있는가?

우리에게는 하고는 싶으나 능력이 뒷받침되지 않는 것들이 있다. 예를 들어 나는 노래하고 싶다. 다른 사람들을 위해 노래할 때 나는 만족감을 느낀다. 문제는 청중이 나와 같은 정도의 만족감을 느끼지는 못한다는 것이다. 바울은 로마서 12장 3절에서 "네 능력을 제대로 평가하라"라고 조언한다(필립스).

달리 말하면 나의 강점을 알아야 한다. 내가 가르칠 때 사람들이 잘 경청하는가? 내가 인도할 때 사람들이 나를 따르는가? 내가 행정을 처리하면 상황이 더 나아지는가? 나는 어떤 분야에서 가장 생산적인가? 내 강점을 알라.

그리고 이것이 중요한데, 그 일에 집중하라. 잘하는 일을 더 잘

할 수 있도록 다른 몇 가지를 포기하라. 강점에 집중하지 않으면 하나님이 우리를 부르신 그 고유한 임무를 완수하는 데 방해가 될 수 있다.

우리는 세상의 모든 필요를 다 충족시킬 수 없고, 모든 사람을 다 기쁘게 할 수 없으며, 모든 요구를 다 들어줄 수 없다. 우리 중 몇몇은 그렇게 하려다 결국 탈진하고 만다. 당신의 능력을 제대로 평가하고 거기에 집중하라. 이제 마지막 질문이 남았다.

나는 지금(Now) 하나님을 섬기고 있는가?

이 질문에 마음이 불편해지기 시작할 수도 있다.

'그럼 다른 일을 해야 하나?' '어쩌면 이사를 가야 할지도 몰라.' '맥스가 내게 신학교에 가라고 하는 것 같은데….'

아니, 그렇지 않다. 그럴 필요가 없다.

이번에도 예수님이 좋은 본보기가 되신다. 우리는 예수님께서 자신이 곧 하나님의 아들이심을 알고 계셨음을 짐작케 하는 첫 단서를 예루살렘 성전에서 발견할 수 있다. 당시 예수님은 열두 살이었다. 요셉과 마리아는 예수님이 성전에 남으신 것도 모르고 나사렛으로 돌아가다가 사흘이 지나서야 다시 만난다. 부모가 어떻게 된 일인지 묻자 예수님은 이렇게 말씀하신다. "내가 내 아버지 집에 있어야 될 줄을 알지 못하셨나이까"(눅 2:49).

예수님은 소년 시절에 이미 하나님의 부르심을 깨달았다. 하지만 그다음에 무엇을 하셨는가? 제자들을 불러 모으고, 설교를 하고, 기적을 행하셨는가? 아니다. 예수님은 부모님을 따라 집으로 돌아가서 생업을 배우셨다.

당신이 해야 할 일이 바로 이런 것이다. 인생에서 무언가를 이루고 싶은가? 예수님처럼 하라. 집으로 돌아가서 가족을 사랑하고 해야 할 일을 하라. '그렇지만 맥스, 나는 선교사가 되고 싶은걸요.' 당신의 첫 번째 선교지는 가정이다. 가족도 당신을 믿지 않는다면 해외의 그 누가 당신을 믿겠는가?

'그렇지만 맥스, 나는 하나님을 위해 위대한 일을 할 준비가 된걸요.' 훌륭하다, 그 위대한 일을 일터에서 행하라. 좋은 일꾼이 되어라. 정시에 출근하고 성실한 자세로 임하라. 불평하거나 투덜대지 말고 "무슨 일을 하든지 마음을 다하여 주께 하듯 하고 사람에게 하듯 하지 말라"(골 3:23). 'plan'이라는 단어를 떠올리면 기억하기 쉬울 것이다.

나는 하나님의 계획과 일치하는가? (Am I fitting into God's **P**lan?)
내가 바라는 것은 무엇인가? (What are my **L**ongings?)
나에게는 어떤 능력이 있는가? (What are my **A**bilities?)
나는 지금 하나님을 섬기고 있는가? (Am I serving God **N**ow?)

잠시 시간을 내어 어떤 방향으로 가고 있는지 생각해 보라. 스스로 이 네 가지 질문을 던져 보라. 당신은 예수님의 모범을 더 잘 따라야 할 필요를 느낄 것이다. 하나님은 당신의 인생 어느 시점에서든 새롭게 시작할 수 있게 하신다. 그러므로 "이제부터 여러분은 남은 생애를 인간적인 욕망을 위해 살지 말고 하나님의 뜻을 위해 사십시오"(벧전 4:2, 현대인의 성경).

'이제부터'라는 단어에 동그라미를 치라. 하나님은 당신에게 새로운 채점표를 주실 것이다. 과거 무엇에 매어 있었든, 삶을 시작하게 하고 하나님이 계획하신 일의 일부가 되기에 너무 늦은 때란 결코 없다.

말씀과 삶을 잇는 묵상 질문

1. 이 장은 베들레헴의 부산스러운 장면으로 시작한다.
   - 베들레헴 분위기는 어땠는가?

   - 예수님이 태어나신 날, 베들레헴에서는 어떤 일이 있었는가?

   - 마리아와 요셉이 베들레헴에 도착한 일과 예수님이 태어나신 일은 왜 사람들의 눈에 띄지 않았는가?

2. 맥스 루케이도는 이천 년이 지난 지금도 달라진 게 별로 없다고 말한다. 우리 가운데 계신 그리스도를 알아보기에는 우리의 마음이 너무 분주하다. 우리가 사는 세상은 소셜미디어나 넷플릭스 시리즈, 온라인 쇼핑 등 주의를 산만하게 하는 것들로 넘쳐난다.
   - 당신은 하루 중 무엇 때문에 가장 산만한가?

   - 당신의 주의를 흩뜨려 예수님의 임재를 알아차리지 못하게 만드는 것은 무엇인가?

   - 예수님의 임재를 알아차리는 데 도움을 주는 것은 무엇인가?

3. 마가복음 10장 45절과 누가복음 19장 10절을 읽으라. 이 말씀에 따르면 이 땅에서 예수님의 사명은 무엇이었는가?
   - 예수님은 어떻게 이 사명을 완수하셨는가?

- 나에게는 인생의 목적이나 사명이 있는가? 만약 있다면 무엇이고, 없다면 그 이유는 무엇인가?

- 예수님은 사명을 이루셨다. 예수님은 십자가 위에서 "다 이루었다"고 말씀하셨다. 나는 인생에서 무엇을 이루고 싶은가?

- 나의 주의를 흩뜨려서 이 목표를 이루지 못하게 만드는 것은 무엇인가?

4. 맥스 루케이도는 '목표에 집중하는 삶을 위한 네 가지 질문'을 소개한다. 이 질문에 대해 생각해 보라.
    - 나의 계획은 하나님의 계획과 일치하는가?(벧후 3:9)

    - 나의 바람, 내 마음의 소원은 무엇인가? 이 질문은 대답하기 어려울 수 있다. 답하기에 앞서 왜 그런지 생각해 보라. 긴장감이 느껴진다면 그 감정 또한 인정해 주라.

    - 내게는 어떤 강점과 능력이 있는가? 이 질문 역시 대답하기 힘들 수 있다. 잠시 멈춰서 왜 그런지 생각해 보라. 아니면 잘 아는 누군가에게 도움을 청하라.

    - 예수님은 사역을 시작하시기 전에 어떻게 하나님을 섬기셨는가?(눅 2:51-52) 나는 내가 속한 곳에서 어떻게 하나님을 섬길 수 있는가?

2장

목수의 가족으로
사시다

성경 구절 사이의 하얀 여백은 질문이 자라나는 비옥한 토양이다. 우리는 "…했을까?" 하는 의문을 품지 않고서 성경을 읽기가 힘들다.

'이브가 다른 과일도 먹었을까?'
'노아가 폭풍우 속에서도 숙면을 취했을까?'
'요나가 물고기를 좋아했을까?'
'예레미야에게 친구가 있었을까?'
'모세가 덤불을 피해 다녔을까?'
'예수님은 농담도 하셨을까?'
'베드로가 또다시 물 위를 걸으려 했을까?'
'바울이 청혼한다면 그와 결혼하려고 하는 여자가 있었을까?'

성경은 우리가 들여다볼 수 있는 옹이구멍으로 가득한 울타리다. 하지만 아직 전체 그림은 볼 수 없다. 성경은 하나님과 사람과의 만남을 포착한 스냅 사진들로 가득하지만, 그 결과가 늘 기록되지는 않은 스크랩북이다. 그래서 우리는 생각한다.

'간음하다 붙잡힌 여인이 집에 돌아갔을 때 그녀는 남편에게 뭐라고 말했을까?'
'귀신 들린 사람이 나음을 입은 다음에는, 어떤 일을 해서 생계를 이어갔을까?'
'죽었다가 살아난 야이로의 딸은 다시 살아난 것을 후회한 적은 없을까?'

옹이구멍과 스냅 사진과 무수한 질문들. 당신은 성경의 페이지마다 그 안에 등장하는 사람들에 대해 의문이 생길 것이다. 하지만 그리스도의 탄생만큼이나 많은 질문을 가져다 주는 것도 없으리라. 성경 속 인물들은 우리가 질문을 던지기도 전에 나타났다가 사라진다. 하나님을 맞이하기에는 너무 바쁜 여관 주인(그는 자신이 누구를 그냥 돌려보냈는지 알았을까?)과 양치기들(그들은 천사들이 부른 노래를 따라 불렀을까?)과 동방박사들(갓난아기를 경배하는 것은 어떤 느낌이었을까?) 그리고 요셉, 특히 요셉. 나는 요셉에게 묻고 싶은 게 있다.

"요셉, 당신은 기도하다가 눈을 들어 예수님이 당신의 기도를 듣고 계신 것을 본 적 있나요?"

"동방박사들은 어떻게 되었나요?"

"그리고 … 당신은 어떻게 되었나요?"

우리는 요셉이 어떻게 되었는지 알지 못한다. 1막에서 그의 역할이 매우 중요했기에 우리는 연극이 끝나기 전, 그를 다시 볼 수 있으리라고 기대한다. 그러나 예루살렘에서 열두 살 난 예수님과 함께한 짤막한 장면을 제외하고는 요셉의 모습은 다시 볼 수 없다. 그의 인생 나머지 부분은 추측에 맡겨지고, 우리의 질문은 고스란히 남는다.

가장 궁금한 것은 베들레헴에서의 일이다. 나는 양의 축사에서 보낸 그날 밤에 대해 알고 싶다. 그곳에 있는 요셉을 상상한다. 달빛이 흐르는 목초지, 하늘에는 별이 빛나고 멀리 베들레헴 불빛이 깜빡거린다. 그곳에 축사 바깥을 서성이는 요셉이 있다.

예수님이 태어나실 때 요셉은 무슨 생각을 했을까? 마리아가 아기를 낳을 때 그는 무슨 생각을 했을까? 요셉은 그가 할 수 있는 일을 다했다. 물을 따뜻하게 덥히고 마리아가 누울 곳을 마련했다. 그녀가 최대한 편안히 있을 수 있게 해준 뒤 밖으로 나왔다. 마리아가 혼자 있게 해달라고 했기에.

요셉은 더없이 고독했다. 그때부터 아기가 태어날 때까지의 그 영원과도 같은 시간에 요셉은 무슨 생각을 했을까? 그는 어둠 속

2장 목수의 가족으로 사시다

을 걸으며 별을 바라보았다. 요셉이 기도를 했을까? 어떤 이유에서인지 나는 그가 가만히 있지는 않았으리라는 생각이 든다. 그는 서성인다. 한순간 고개를 가로젓다가 주먹을 흔든다. 이것은 그가 그리던 모습이 아니다. 어쩌면 그는 이렇게 말하지 않았을까?

이건 제가 생각했던 방식이 아니에요, 하나님. 전혀 아닙니다. 제 아이가 축사에서 태어나다니요? 이건 제가 기대했던 방식이 아니에요. 양과 나귀, 건초와 지푸라기가 있는 곳에서 아기를 낳다니요? 오직 양들만이 아내의 힘겨워하는 소리를 듣는 곳에서 아기를 낳다니요?

이건 제가 상상했던 것과는 너무나 다릅니다. 저는 가족들이 다정히 모여 있는 광경을 상상했어요. 할머니들이 함께 있어 주는 광경을요. 대문 앞에 이웃들이 모여 있고 제 옆에는 친구들이 서 있을 거라 상상했어요. 아기의 첫 울음소리에 집 안에 모인 모두가 환호하는 모습을요.

서로 등을 도닥이고 즐거운 웃음을 터뜨리며 아기의 탄생을 기뻐하는 모습을요. 산파가 제게 아기를 건네고 사람들은 모두 박수를 보내요. 마리아는 그제야 휴식을 취하고, 우리는 아기의 탄생을 축하해요. 나사렛 사람들 모두가 축하 인사를 건네지요.

그런데 이게 뭔가요. 여기서 나사렛까지는 닷새가 걸리고, 우리는 양이 풀을 뜯는 목초지에 와 있어요. 여기서 누가 축하해 주겠어요. 양들이요? 양치기들이요? 별들이요? 제가 뭔가를 놓쳤을까요? 그랬을까요, 하나님?

주님이 천사를 보내 아들이 태어나리라고 말씀하셨을 때 제가 상상했던 건 이런 게 아니었어요. 저는 예루살렘과 성전, 제사장들과 아기를 보러 오는 사람들을 상상했어요. 축하 퍼레이드를 상상했어요. 아니 적어도 마을 잔치는 열릴 줄 알았어요. 제 말은... 이 아기는 메시아니까요!

예루살렘에서 태어날 수 없다면 나사렛은 어땠을까요? 이건 제가 원하던 방식이 아니에요. 저는 제 아들이 이렇게... 오, 이런. 제가 또 말실수를 했네요. 실수했어요. 그렇죠, 아버지? 그러려고 그랬던 건 아닌데... 그만 깜빡했어요. 이 아이는 제 아들이 아니라... 주님의 아들이지요.

이 아이는 주님의 아들이에요. 주님이 계획하시고 생각하신, 주님의 아이예요. 이런 질문을 해서 죄송하지만... 이것이 하나님이 이 세상에 오시는 방식인가요? 천사의 방문까지는 이해했어요. 사람들이 마리아의 임신에 대해 묻는 것도 참을 수 있었어요. 베들레헴에 가는 것도 괜찮았어요. 하지만 왜 축사에서 태어나야 하나요, 하나님?

이제 곧 마리아가 아기를 낳을 거예요. 아니, 아기가 아니라 메시아요. 아기가 아니라 하나님이요. 천사가 그렇게 말했어요. 마리아도 그렇게 믿고 있고요. 그리고 저도 그렇게 믿고 싶어요. 하지만 아시죠, 그게 쉽지 않다는 걸. 이건 너무나... 너무나... 너무나... 이상한 일이에요.

저는 이렇게 이상한 일에 익숙하지 않아요, 하나님. 저는 목수예요. 저는 목재를 재단해서 물건을 만들어요. 가장자리를 잘라내고, 다림줄로 수직을 맞추지요. 자르기 전에 두 번 길이를 재고요. 놀라움은 우리처럼 무언가를 만드는 사람들에게는 반갑지 않은 손님이에요. 저는 계획을 미리 알아야 해요. 일을 시작하기 전에 계획을 알아야 하지요.

하지만 이번에는 만드는 사람이 제가 아니에요. 저는 도구죠. 당신이 쥐고 계신 망치예요. 당신 손가락 사이에 낀 못이에요. 당신 손에 들린 끌이에요. 이 프로젝트는 당신의 것이에요. 제 프로젝트가 아니지요.

당신께 질문을 하다니, 제가 어리석었어요. 이해하려고 애쓰는 저를 용서하세요. 제게 믿음은 쉽게 오지 않아요, 하나님. 하지만 당신은 믿음이 쉽다고 말씀하신 적이 없으시죠.

한 가지만 더 여쭐게요, 하나님. 천사는 하나님이 보내셨나요? 혹시 또 천사를 보내 주실 수 있을까요? 천사가 아니라면 사람이라도요. 저는 이 근방에 아는 사람이 없어요. 누구라도 보내 주시면 좋겠어요. 여관 주인이나 여행자라도요. 아니면 양치기라도요.

궁금하다. 요셉은 과연 이런 기도를 했을까? 했을 수도 하지 않았을 수도 있다. 하지만 당신은 했을 것이다. 당신도 요셉이 서성이던 곳에 서 있다. 하나님의 말씀과 당신이 이해할 수 있는 것 사이에 낀 채. 하나님이 하라고 하신 일을 하면서도 과연 하나님이 그렇게 말씀하셨는지 의문스럽다. 당신은 의문을 간직한 채 어두운 하늘을 쳐다본다. 그리고 요셉과 같은 질문을 던진다. 이 길이 맞기는 한 건지 묻는다. 우회전해야 할 곳에서 좌회전을 하지는 않았는지 묻는다. 이 모든 일의 끝에 어떤 계획이 있으신지 묻는다. 당신이 생각했던 대로 일이 흘러가지 않았기에.

우리 각자는 어둠 속에서 빛을 찾는다는 게 어떤 것인지 안다. 축사 앞은 아니지만, 어쩌면 병원 응급실 앞에서. 혹은 길가의 돌부리 위에서. 혹은 공원묘지의 잔디 위에서. 우리는 각자 질문을 던진다. 하나님께 계획을 묻는다. 그리고 하나님이 왜 그렇게 하시는지 의아해한다. 베들레헴의 하늘은 혼란에 빠진 순례자들의 탄원을 들은 게 이번이 처음은 아니었다.

만약 당신이 요셉과 같은 질문을 하는 중이라면, 요셉이 한 것처럼 하라. 순종하라. 순종이 바로 요셉이 한 일이다. 요셉은 순종했다. 그는 천사의 부름에 순종했다. 마리아의 설명에 순종했다. 하나님이 그들을 베들레헴으로, 애굽으로 보내실 때 순종했다.

그는 하나님께 순종했다.

그는 하늘이 밝을 때 순종했다.

그는 하늘이 어두울 때 순종했다.

그는 혼란이 순종을 방해하지 못하게 했다. 그는 모든 것을 다 알지는 못했지만, 그가 해야 할 일을 했다.

요셉은 작업실 문을 닫고, 가족을 데리고 다른 나라로 향했다. 하나님이 그렇게 하라고 하셨기 때문에. 당신은 어떤가? 요셉처럼 당신도 전체 그림을 볼 수는 없다. 당신이 해야 할 일은 당신의 세계에 예수님이 오시도록 하는 것이다. 요셉처럼 당신도 순종을 선택할 수도 있고, 그렇지 않을 수도 있다. 요셉은 순종했고, 하나님은 세상을 바꾸는 데 그를 사용하셨다. 당신도 그렇게 될 수 있을까?

하나님은 지금도 요셉과 같은 사람들을 찾으신다. 하나님이 이 세상을 포기하지 않으셨다고 믿는 사람들을 찾으신다. 비범하신 하나님을 섬기는 평범한 사람들을 찾으신다. 당신은 그런 사람이 되기를 원하는가? 이해가 되지 않아 혼란스러울 때도 하나님을 섬기려 하는가?

베들레헴의 하늘이 정직한 마음의 간청을 들은 건 그때가 처음이 아니었고, 마지막도 아니다. 하나님은 요셉의 모든 질문에 다 대답하지는 않으셨을 것이다. 그렇지만 가장 중요한 질문에 답하셨다.

"여전히 저와 함께하시나요, 하나님?"

이 가장 중요한 질문에 대한 대답이 아기 하나님의 첫 울음소리와 함께 왔다.

"그럼, 그래. 요셉. 나는 너와 함께한단다."

우리가 본향으로 돌아가기 전에는 답할 수 없을 많은 질문과 옹이구멍과 스냅 사진이 있다. 우리는 "하나님, … 하시나요?" 하고 묻고 싶을 때가 많다. 하지만 그런 와중에도 의아해 할 필요가 없는 질문이 하나 있다. 그것은 바로 '하나님이 우리에게 마음을 쓰실까? 우리가 하나님께 소중한 존재일까? 하나님은 여전히 그분의 자녀들을 사랑하실까?' 하는 것이다.

축사에서 태어난 아기의 자그마한 얼굴을 통해 하나님은 그렇다고 말씀하신다.

그럼, 너희의 죄는 용서받았단다.

그럼, 너희의 이름은 하늘에 기록되었단다.

그럼, 죽음은 패배했단다.

그럼, 하나님이 너의 세상에 들어오셨단다.

임마누엘, 하나님이 우리와 함께하신단다.

어려움을 다루시다

예수님께도 그분을 힘들게 하는 가족이 있었다는 것을 알면 놀랄지도 모르겠다. 아니, 예수님께 가족이 있었다는 사실 자체가 놀랍게 다가올지도 모르겠다. 어쩌면 당신은 예수님께 형제자매가 있었다는 사실을 알지 못했을 수도 있다. 그렇다, 예수님께는 형제자매가 있었다. 마가는 예수님의 고향 사람들의 말을 인용해서 이렇게 쓴다. "이 사람이 마리아의 아들 목수가 아니냐 야고보와 요셉과 유다와 시몬의 형제가 아니냐 그 누이들이 우리와 함께 여기 있지 아니하냐"(막 6:3).

예수님의 가족들이 완벽하지 않았다는 것 또한 당신을 놀라게 할 것이다. 그렇다, 그들은 완벽하지 않았다. 만약 당신의 가족이 당신을 인정해 주지 않더라도 기운을 내라. 예수님도 가족에게 인정받지 못하셨다. "선지자가 자기 고향과 자기 친척과 자기 집 외에서는 존경을 받지 못함이 없느니라"(막 6:4).

예수님은 설교 요청을 받고 회당으로 가셨다. 사람들은 고향 소년이 설교하는 걸 자랑스럽게 여겼지만, 예수님이 자신을 메시아라 하시는 말씀을 듣고 그분을 깎아내리려 했다. "이 사람이 요셉의 아들이 아니냐" 번역하면 이런 뜻이다. '이 사람은 메시아가 아니다! 그는 우리와 같은 보통 사람이다! 하나님은 우리에게 익숙한 사람을 통해서 말씀하시지 않는다.'

그들에게 예수님은 한순간 영웅이 되셨다가 다음 순간 이단자가 되셨다. 그다음에 어떤 일이 일어났는지 보라. "회당에 있는 자들이 … 일어나 동네 밖으로 쫓아내어 그 동네가 건설된 산 낭떠러지까지 끌고 가서 밀쳐 떨어뜨리고자 하되 예수께서 그들 가운데로 지나서 가시니라"(눅 4:28-30). 이 얼마나 추한 순간인가! 예수님의 이웃은 그분을 죽이려 했다. 하지만 우리가 보는 장면보다 더 누추한 것은 보이지 않는 대목이다. 위의 성경 구절에서 무엇이 빠졌는지 보라. 거기에 있어야 하지만 찾아볼 수 없는 구절, 그것은 다음과 같다. '그들이 예수님을 산 낭떠러지까지 끌고 가서 밀쳐 떨어뜨리려 하였지만, 예수님의 형제들이 와서 그분을 옹호했다.'

우리는 이 말을 읽고 싶지만, 읽을 수가 없다. 성경에 나와 있지 않기 때문이다. 예수님의 형제들이 예수님 편을 드는 일은 일어나지 않았다. 예수님이 곤경에 처하셨을 때 그분의 형제들은 보이지 않았다.

그러나 늘 보이지 않았던 건 아니다. 그들이 목청을 높인 적이 있었다. 사람들이 있는 데서 예수님과 함께한 때였다. 하지만 그것은 예수님이 자랑스러워서가 아니라 부끄러워서였다. "예수의 친족들이 듣고 그를 붙들러 나오니 이는 그가 미쳤다 함일러라"(막 3:21). 예수님의 형제들은 자랑스러워한 게 아니라 난감해했다!

그 형제들이 예수께 이르되 당신이 행하는 일을 제자들도 보게 여기를 떠나 유대로 가소서 스스로 나타나기를 구하면서 묻혀서 일하는 사람이 없나니 이 일을 행하려 하거든 자신을 세상에 나타내소서(요 7:3-4).

이 말에 담긴 조롱이 읽히는가? 예수님은 어떻게 이런 비웃음을 참으셨을까? 예수님은 여기에 대한 몇 가지 답을 주신다. 예수님은 가족의 행동을 통제하려 하지 않으셨고, 그들이 그분을 조정하도록 두지도 않으셨다. 예수님은 가족에게 동의를 요구하지 않으셨으며, 그들이 모욕할 때 부루퉁하지도 않으셨다. 예수님은 가족을 기쁘게 하는 것을 사명으로 삼지 않으셨다.

우리 각자에게는 가족이 완벽하리라는 환상, 친한 친구는 가족과 다름없을 거라는 기대가 있다. 하지만 예수님께는 그런 기대가 없으셨다. 예수님이 가족을 어떻게 정의하시는지 보라.

> 누구든지 하나님의 뜻대로 행하는 자가 내 형제요 자매요 어머니이니라(막 3:35).

예수님은 형제들이 예수님과 같은 확신을 갖지 못했을 때 그들에게 강요하지 않으셨다. 예수님은 육신의 가족이 제공해 주지 않은 것을 영적 가족들이 제공하리라는 것을 아셨다. 예수님도 가족들에게 그분의 확신을 강요하실 수 없었는데 어떻게 당신이 가족에게 강요할 수 있겠는가?

우리는 가족이 우리에게 반응하는 방식을 통제할 수 없다. 우리에 대한 다른 사람들의 행동에 관해 우리가 할 수 있는 것은 아무것도 없다. 우리가 잘하면 다른 사람들도 우리에게 잘하리라는 순진한 기대에서 벗어나야 한다. 사람들은 우리에게 잘할 수도 있고 잘하지 않을 수도 있다. 우리는 사람들의 태도를 통제할 수 없다.

당신이 다른 사람의 행동을 조정할 수 있으리라고 생각하는 한, 당신은 그들의 의견에 매어 있는 것이다. 당신이 의견을 조정할 수 있는데 그들이 긍정적이지 않을 경우, 누구를 탓할 것 같은가? 당신 자신이다. 그것은 불공정 규칙으로 이루어진 게임이자 치명적인 결과를 낳는 게임이다. 예수님은 그런 게임을 하지 않으셨으며, 당신 역시 그렇게 해서는 안 된다.

우리는 요셉이 예수님의 사역을 인정해 주었는지 여부는 알 수 없지만, 하나님이 예수님을 인정해 주신 것은 안다. "이는 내 사랑하는 아들이요 내 기뻐하는 자라"(마 3:17). 가족이 당신이 바라는 축복을 주리라고는 장담할 수 없지만, 하나님은 분명 당신을 축복하신다. 가족들이 주지 않는 것을 하나님이 주시게 하라. 이 땅의 아버지가 당신을 인정하지 않는다면, 하늘 아버지가 그 자리를 대신하시도록 내어드리라.

그것은 어떻게 가능한가? 하나님을 당신의 아버지로 받아들임으로 가능해진다. 하나님을 주님으로 받아들이는 것과 하나님을 구세주로 아는 것은 다르다. 그러나 하나님을 아버지로 받아들이는 것은 또 다른 문제다.

하나님을 주님으로 인정한다는 것은 그분이 우주의 주권자이심을 아는 것이다. 하나님을 구세주로 받아들이는 것은 그분이 십자가에서 주신 구원의 선물을 받아들이는 것이다. 하지만 하나님을 아버지로 여기는 것은 여기서 한 걸음 더 나아간다. 아버지란 자녀의 필요를 채우고 보호하는 존재다. 그리고 이것이 바로 하나님이 하신 일이다. 하나님은 당신의 필요를 채우시고(마 6:25-34) 당신을 해로부터 보호하셨다(시 139:5). 양자로 삼으시고(엡 1:5) 그분의 이름을 주셨다(요일 3:1).

하나님은 자신이 신실한 아버지이심을 입증하셨다. 이제 우리가 그분을 신뢰하는 자녀가 될 차례다. 당신의 가족들이 주지 않은 것을 하나님이 주시게 하라. 다른 사람들이 남기고 간 빈자리를 하나님이 채우시게 하라. 하나님께 인정과 격려를 구하라. 바울은 말한다. "그러므로 이제는 여러분이 종이 아니라 하나님의 아들입니다. 여러분이 아들이기 때문에 하나님은 여러분을 상속자로 삼으신 것입니다"(갈 4:7, 현대인의 성경).

가족의 인정을 받을 수 있다면 좋겠지만, 그것이 행복에 필수적인 것도 아니고 늘 가능한 것도 아니다. 예수님은 가족과의 어려운 역학관계가 하나님의 부르심에 그림자를 드리우지 않게 하셨다. 그 후에 예수님의 가족들은 어떻게 되었는가? 사도행전을 통해 유추해 보자. "제자들이 감람원이라 하는 산으로부터 예루살렘에 돌아오니 … 여자들과 예수의 어머니 마리아와 예수의 아우들과 더불어 마음을 같이하여 오로지 기도에 힘쓰더라"(행 1:12, 14).

이 얼마나 놀라운 변화인가! 예수님을 조롱하던 가족들이 이제 그분을 예배한다. 예수님을 동정하던 가족들이 이제 예수님을 위해 기도한다. 만약 예수님이 그들과 등을 돌리셨다면 어떻게 되었을까? 혹은 변화를 요구하심으로써 가족들을 숨 막히게 하셨다면 어떻게 되었을까?

예수님은 그렇게 하시는 대신 가족들에게 공간과 시간과 은혜를 주셨다. 이로써 그들은 변화되었다. 형제 중 한 명은 사도가 되고(갈 1:19) 다른 형제들은 전도자가 되었다(고전 9:5). 그러니 용기를 잃지 말라. 하나님은 여전히 가족을 변화시키신다. 오늘 나를 가장 힘들게 하는 가족 구성원이 내일은 가장 소중한 친구가 될 것이다.

말씀과 삶을 잇는 묵상 질문

1. 요셉은 그의 아들이 고향에서 멀리 떨어진 베들레헴, 동물들로 가득한 축사 안에서 태어나 여물통에 눕혀지리라고는 예상하지 못했다. 그는 '하나님의 말씀과 그가 이해할 수 있는 것 사이에 껴' 있었다(p.38).

   • 요셉처럼 하나님의 말씀과 당신이 이해할 수 있는 것 사이에 껴 있던 적이 있는가? 그것은 어떤 상황이었는가?

   • 요셉은 의문스럽고 불확실한 상황에서 어떻게 했는가?

   • 당신이 요셉이라면 어땠겠는가?

2. 예수님은 유대 베들레헴에서 태어나셨지만, 그보다 훨씬 더 북쪽에 위치한 갈릴리 지방의 나사렛에서 자라셨다. 나사렛은 예수님의 고향이었지만, 그분의 가족과 이웃이 예수님의 사역을 지지한 것은 아니었다. 마가복음 3장 20-21절을 읽어 보라.

   • 예수님의 가족은 예수님에 대해 어떻게 느꼈는가?

   • 가족이 당신을 지지하지 않았을 때 혹은 당신의 마음과 열정을 이해해 주지 않았던 때를 떠올려 보라.

   • 가족에게 이해와 지지를 받지 못했을 때 어떤 느낌이 들었는가?

3. 예수님은 나사렛으로 돌아가 설교하셨다. 누가복음 4장 28-30절을 읽고 고향

사람들이 예수님의 설교에 어떻게 반응했는지 보라.
- 무리가 예수님을 나사렛이 내려다보이는 낭떠러지로 끌고 갔다. 예수님이 그분의 집과 어릴 때 놀던 거리를 내려다보시는 장면을 상상해 보라. 당신은 공동체로부터 거부당한 적이 있는가? 그것은 어떤 영향을 주었는가?

- 예수님도 가족과 지역사회로부터 거부당하셨음을 알았을 때 당신은 어떤 느낌이 들었는가?

4. 이 책은 하나님을 주님으로 받아들이는 것과 구세주로 받아들이는 것, 그리고 아버지로 받아들이는 것에는 차이가 있다고 말한다. 어떤 차이가 있는가?
- 당신은 하나님을 아버지로 받아들였는가? 그렇다면 그 이유는 무엇이고, 그렇지 않다면 그 이유는 무엇인가?

- 다음 빈칸을 채우라. "아버지란 _____ 하는 존재다."(p.46)

- 당신의 육신의 아버지는 이렇게 해주었는가? 만약 그렇다면, 어떻게 해주었는가? 만약 그렇지 않다면, 그것은 아버지와의 관계에 어떤 영향을 미쳤는가? 그것은 하나님에 대한 당신의 관점에 영향을 주었는가? 만약 그렇다면, 어떻게 영향을 미쳤는가?

- 당신의 가족이 남긴 빈자리를 하나님이 채우시게 하면 어떻게 될까?

2장 목수의 가족으로 사시다

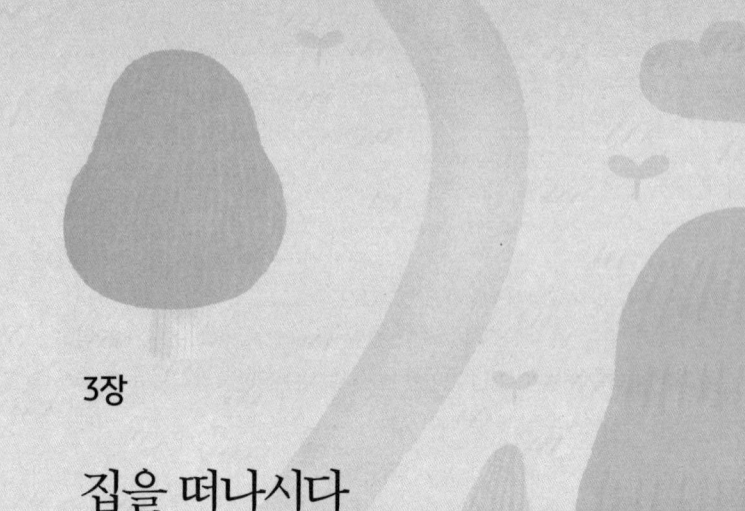

3장

집을 떠나시다

다음은 내가 요셉에게 물어보고 싶은 것들이다.

"예수님이 기도하시는 모습을 볼 때 어떤 기분이 들었나요?

회당에서 예배드릴 때 다른 아이들이 깔깔대는 것을 보고 예수님은 어떻게 반응하셨나요?

무지개를 보신 예수님은 노아의 홍수에 대해서도 이야기를 꺼내셨나요?

당신은 예수님께 그분이 어떻게 세상을 창조하셨는지 가르치면서 어색한 기분이 들지는 않았나요?

양이 도살장에 끌려가는 것을 보았을 때 예수님은 다른 사람들과 다르게 반응하셨나요?

예수님은 장례식에서 어떻게 행동하셨나요?

당신이 기도드리는 그 하나님이 지금 당신의 지붕 밑에 잠들어 있다는 생각을 해보았나요?

예수님과 함께 밤하늘의 별을 세려고 한 적이… 그리고 성공한 적이 있나요?

예수님은 눈가에 멍이 들어서 집에 돌아오신 적이 있나요?

예수님이 처음으로 머리카락을 자르셨을 때 반응이 어땠나요?

예수님께 유다라는 이름의 친구가 있었나요?

예수님은 학교생활을 잘하셨나요?

당신은 예수님께 꾸지람을 한 적이 있나요?

예수님은 성경에 대해 질문하신 적이 있나요?

예수님은 그분이 만드신 몸을 가장 많은 돈을 주겠다는 사람에게 파는 매춘부를 보고 어떤 생각을 하셨을까요?

예수님은 누군가가 그분께 솔직하지 않았을 때 화를 내신 적이 있나요?

당신은 예수님이 흙덩어리를 쥐신 채 자신의 팔을 보며 생각에 잠기신 것을 본 적이 있나요?

예수님은 두려움에 휩싸인 채 잠에서 깨신 적이 있나요?

예수님의 가장 친한 친구는 누구였나요?

누군가 사탄을 언급했을 때 예수님은 어떤 반응을 보이셨나요?

당신은 실수로 예수님을 아버지라고 부른 적이 있나요?

예수님과 사촌 요한은 어릴적 어떤 이야기를 나누던가요?

예수님의 형제자매는 무슨 일이 일어나고 있는지 알았나요?

당신은 '저이가 내 식탁에서 수프를 드시는 하나님이야' 하고 생각한 적이 있나요?"

옳은 일을 끝내기

고백할 게 있다. 나는 시작한 것을 늘 제대로 마무리하지는 못한다. 어쩌면 그런 사람이 나만은 아닐 것이다. 당신에게도 끝내지 못한 프로젝트가 있는가? 운동기구가 수건걸이로 변해버렸거나 도예 재료가 상자도 뜯지 않은 채 방치되지는 않았는가? 반쯤 완성한 테라스 데크나, 식물이 절반만 심겨 있는 정원은 어떤가? 다이어트와 체중 감량에 대해서는 아예 말을 말자.

무언가를 시작하는 것과 그 일을 완성하는 것은 별개임을 당신도 나만큼이나 잘 안다. 어쩌면 당신은 내가 일을 끝맺는 것의 중요성을 이야기하려 한다고 생각할지도 모르겠다. 그래서 약간의 싫은 소리를 들을 마음의 준비를 하고 있을지도.

그렇다면, 마음을 놓아라. 나는 끝맺지 못할 거면 시작하지 말라는 말을 하려는 게 아니다. 지옥으로 가는 길을 닦는 데 사용된 무언가에 대해 말하려는 것도 아니다. 솔직히 나는 당신이 시작한 모든 일을 다 끝낼 수 있다고는 생각하지 않는다. 때에 따라서는 미완성인 채로 두는 게 더 나을 수도 있고, 포기하는 게 더 현명할 수도 있다.

우리는 일을 끝맺는 데 너무 몰두한 나머지 효율성을 생각하지 못할 때가 있다. 테이블 위에 어떤 프로젝트를 펼쳐놓았다고 해서 그것을 다시 선반 위에 올려놓을 수 없는 것은 아니다. 나는 모든 일을 다 완성해야 한다고 설득시키고 싶은 게 아니다. 옳은 일을 끝내도록 격려하고 싶다. 어떤 경주는 선택 사항이고(빨래판 복근이나 속독처럼), 어떤 경주는 필수 사항이다(믿음의 경주처럼).

히브리서 저자의 "인내로써 우리 앞에 당한 경주를 하자"(히 12:1)는 조언을 생각하라.

우리 앞에 당한 경주

'경주'(race)라는 말은 '고통'(agony)이라는 말에서도 찾아볼 수 있는 그리스어 'agon'에서 나왔다. 그리스도인의 경주는 가벼운 조깅이 아니라 몹시 힘들고 때로 고통스럽기까지 한 경주로, 이것을 잘 마무리하기 위해서는 엄청난 노력이 들어간다.

당신도 알겠지만, 많은 사람이 그런 노력을 기울이지는 않는다. 당신은 경기장에 나온 많은 사람을 보았을 것이다. 그들은 제법 페이스를 유지하며 달릴 때도 있었지만, 시간이 지남에 따라 점차 지쳐갔다. 그들은 달리기가 이렇게까지 힘들 줄 몰랐다. 혹은 같이 달리는 사람들에게 부딪혀 위압감을 느끼고 주눅이 들었다. 이유야 어찌 되었든 그들은 더 이상 달리지 않는다. 그들은 그리스도인일 수도 있다. 교회에는 나오지만 마음은 경주에 있지 않은…. 그들은 일찌감치 경주를 그만두었다. 무언가 달라지지 않는 한, 그들이 한 가장 훌륭한 일은 제일 처음에 한 일일 것이고, 그들은 낑낑대며 겨우 일을 마칠 것이다.

그와는 대조적으로 예수님이 하신 가장 훌륭한 일은 가장 나중에 하신 일이며, 그분의 가장 굳건한 발걸음은 마지막 걸음이다. 우리 주님은 참고 견딘 이의 모범이시다. 히브리서 저자는 이렇게 말한다.

죄인들이 이같이 자기에게 거역한 일을 참으신 이를 생각하라(히 12:3).

십자가를 참으사

당신은 그리스도께 행해진 악한 일에 대해 생각해 본 적이 있는가? 예수님이 포기하실 수도 있었으리라 싶은 때를 떠올릴 수 있는가? 예수님이 사탄에게 시험을 받으시던 때는 어떤가? 우리는 순간의 시험이나 한 시간 또는 하루의 시험을 견딘다는 게 어떤 것인지는 짐작할 수 있다. 하지만 40일 동안 이어진다면 어떨까?

이것이 바로 예수님이 받으신 시험이었다. "광야에서 사십 일 동안 성령에게 이끌리시며 마귀에게 시험을 받으시더라"(눅 4:1-2).

우리는 광야에서의 시험이 40일이라는 기간 동안 드문드문 일어난 세 가지의 서로 다른 사건으로 상상한다. 정말로 그랬다면 얼마나 좋겠는가. 그러나 시험은 중단 없이 이어졌다. "사십 일 동안 … 마귀에게 시험을 받으시더라."

사탄은 예수님 몸의 셔츠처럼 달라붙어 떠나지 않았다. 걸음마다 예수님의 귀에 대고 속삭였으며, 모퉁이마다 의심의 씨앗을 뿌렸다. 예수님이 마귀에게 영향을 받으셨을까? 누가는 사탄이 예수님을 '시험하려 했다'고 말하지 않는다. 마귀가 예수님을 '시험하려 시도했다'고 말하지 않는다. 성경은 마귀가 예수님을 '시험했다'고 분명히 말한다.

예수님은 시험을 받으셨다. 사탄의 편에 서라는 시험이었을까? 아니면 하늘로 돌아가라는 시험일까? 이 땅에 왕국을 세우고 만족하라는 시험일까? 알 수 없는 일이다. 하지만 예수님이 시험을 받으셨다는 것만은 알 수 있다. 내면에서는 전쟁이 벌어지고 스트레스가 폭풍처럼 더해졌다. 시험을 받으신 예수님은 경주를 포기하실 수도 있었다. 그러나 예수님은 계속해서 달리셨다.

시험은 예수님을 멈추지 못했고, 비난도 마찬가지였다. 당신은 경주 도중에 구경꾼들의 비난을 듣는다는 게 어떤 것인지 상상할 수 있는가? 힘겹게 발걸음을 옮기는데 격려가 아닌 비난의 소리가 들려온다면 어떨 것 같은가? 그 비난이 당신의 이웃이나 가족의 입에서 나온 것이라면 어떨 것 같은가? 당신이 달리는데 누군가가 이렇게 소리 지른다면 어떨 것 같은가?

"이봐, 거짓말쟁이! 좀 정직하게 살 수는 없어?"(요 7:12)
"저기 이방인이 오네. 너희 나라로 돌아가라!"(요 8:48)
"언제부터 마귀의 자식이 경주에 참가하게 되었담?"(요 8:48)

이것이 바로 예수님께 일어난 일이었다. 가족들은 예수님을 미치광이라고 불렀다. 이웃들은 그보다 더 심했다. 그들은 예수님을 낭떠러지에서 밀어 떨어뜨리려 했다(눅 4:29). 그러나 예수님은 경주를 그만두지 않으셨다. 시험은 예수님을 단념시키지 못했다. 비난은 예수님을 굴복시키지 못했다. 수치는 예수님을 낙심시키지 못했다.

경주 도중에 예수님이 직면하신 최대의 시험에 대해 깊이 생각해 보라. 히브리서 12장 2절은 예수님이 "부끄러움을 개의치 아니하"셨다고 말한다. 부끄러움은 망신스럽고 당혹스럽고 창피한 감정이다. 괴로운 기억을 떠올리게 해서 미안하지만, 혹시 당신은 살면서 부끄러웠던 순간이 있는가? 그 일을 모든 사람이 알게 될 때, 당신이 느낄 끔찍한 기분을 상상할 수 있겠는가? 그 사건이 영상으로 가족과 친구들 앞에서 재생된다면 어떨 것 같은가?

예수님이 바로 그러하셨다. 당신은 의아해하며 이유를 물을 것이다. 예수님은 수치스러운 그 어떤 행동도 하지 않으셨으므로. 물론 예수님은 하지 않으셨지만, 우리는 했다.

하나님이 예수님을 십자가에서 죄로 삼으신(고후 5:21) 탓에 예수님은 수치로 뒤덮이셨다. 어머니와 사랑하는 사람들 앞에서 벌거벗겨지셨고, 사람들 앞에서 수치를 당하셨다. 비틀거리며 무거운 십자가를 지고 가셔야 했고, 교회 앞에서 수치를 당하셨다. 목사들과 장로들이 예수님을 조롱하고 비난했다. 예수님은 온 예루살렘 앞에서 수치를 당하셨으며, 죄인으로 생을 마감하셔야 했다. 어떤 부모들은 멀찌감치 서서 예수님을 가리키며 "나쁜 사람들은 나중에 저렇게 된단다" 하고 자녀들에게 말했으리라.

그러나 사람들 앞에서의 수치는 예수님이 아버지 앞에서 느끼신 수치에는 비할 바가 못 되었다. 우리는 개인적인 수치도 감당하기에 너무 버거운데, 하물며 인류의 모든 수치를 짊어지신 예수님은 어떠셨을까? 수치의 파도가 계속해서 예수님을 덮쳤다. 예수님은 속인 적이 없으셨지만, 사기꾼이라는 오명을 뒤집어쓰셨다. 훔친 적이 없으셨지만, 하늘은 그분을 도둑으로 여겼다. 거짓말을 한 적이 없으셨지만, 거짓말쟁이가 되셨다. 음욕을 품은 적이 없으셨지만, 간음한 죄인으로 수치를 당하셨다. 늘 믿으셨지만, 믿음이 없다는 비난을 감내하셨다.

이것은 '어떻게?'라는 질문을 낳는다. 예수님은 어떻게 그런 모욕을 견디셨을까? 어떻게 온 세상의 수치를 견디셨을까? 우리는 그 답을 알고 싶다. 그렇지 않은가? 우리는 예수님처럼 시험받는다. 예수님처럼 비난받는다. 예수님처럼 수치를 당한다.

그러나 예수님과는 다르게 우리는 포기한다. 기권한다. 주저앉는다. 어떻게 하면 예수님처럼 경주를 계속할 수 있을까? 어떻게 하면 예수님처럼 인내할 수 있을까? 그것은 예수님이 초점을 맞추셨던 것, 즉 "그 앞에 있는 기쁨"(히 12:2)에 초점을 맞춤으로 가능하다.

그 앞에 있는 기쁨

이 구절은 하늘나라의 영광에 관해 쓰인 가장 위대한 증언이다. 여기에는 황금이 깔린 거리나 천사들의 날개에 대한 말은 없다. 음악이나 잔치에 관한 언급도 없다. 심지어 '하늘나라'라는 단어조차 없다. 비록 그런 말은 없지만, 이 구절에는 힘이 있다.

예수님께는 하늘나라가 낯설지 않으시다는 것을 기억하라. 예수님은 하늘나라에 사시다가 이 땅에 오신 유일한 분이시다. 당신과 나는 성도로서 이 땅에서의 삶이 다한 뒤 하늘나라에서 살게 되겠지만, 예수님은 그 반대이시다. 예수님은 이 땅에 오시기 전에 하늘나라를 아셨고, 따라서 하늘나라로 돌아가면 무엇이 기다리고 있을지 아셨다. 그래서 땅에서의 수치를 견디실 수 있었다.

> 그는 그 앞에 있는 기쁨을 위하여 십자가를 참으사 부끄러움을 개의치 아니하시더니(히 12:2).

이 땅에서의 마지막 순간에 예수님은 그 앞에 있는 기쁨에 초점을 맞추셨다. 하늘나라에서 받을 상급에 초점을 두심으로써 예수님은 경주를 잘 마치실 수 있었다.

나는 예수님이 어디서 힘을 얻으셨는지 알 것 같다. 예수님은 눈을 들어 하늘나라의 잔칫상을 보시고 잔치에 초점을 두셨다. 그리고 그분의 눈에 들어온 광경은 경주를 잘 마칠 힘을 주었다.

우리에게도 그런 순간이 기다리고 있다. 우리는 잔칫상 앞에 자리할 것이다. 끝없이 이어지는 시간 동안 쉼을 누릴 것이다. 예수님과 성도들에게 둘러싸인 채 우리의 일은 끝이 날 것이다. 마지막 추수가 있을 것이고, 우리는 잔치의 식탁 앞에 앉을 것이다. 예수님은 다음과 같은 말로 우릴 축복하실 것이다.

잘하였도다 착하고 충성된 종아(마 25:23).

그 순간, 우리의 경주는 달릴 만한 가치가 있었음을 더욱 알게 되리라.

말씀과 삶을 잇는 묵상 질문

1. 마리아는 그녀의 아들이 사람인 동시에 하나님이신 것을 알았다. 마리아가 예수님을 다른 형제들과 다르게 키웠으리라고 생각하는가, 똑같이 키웠으리라고 생각하는가? 왜 그렇게 생각하는가?

   • 하나님의 궁극적인 계획을 아신 예수님이 평범한 마을 나사렛의 평범한 가정에서 자라는 게 어떠셨을 것 같은가?

   • 당신은 예수님을 온전히 사람으로 생각하는가 아니면 신적인 존재(divine being)로 여기는가? 왜 그렇게 생각하는가? 예수님은 왜 사람이신 동시에 하나님이셔야 하는가?

2. 히브리서 12장 1-2절을 읽으라. 우리 앞에 놓인 경주는 무엇인가? 우리는 어떻게 계속해서 여기에 집중할 수 있을까?

3. 예수님도 경주 중에 유혹을 받으셨다. 요단강에서 세례를 받으신 예수님은 광야로 인도되어 시험을 받으셨다. 누가복음 4장 1-13절을 읽으라.

   • 사탄은 예수님을 어떻게 유혹했고, 예수님은 어떻게 반응하셨는가?

   • 경주를 포기하고 싶은 마음이 들 정도로 당신이 거부하기 힘들었던 최고의 유혹은 무엇이었는가?

   • 당신의 삶에서 거듭 되풀이되는 유혹은 무엇인가? 당신은 이것을 극복하는 데 필요한 힘을 어디서 얻는가?

- 유혹을 이기려고 애쓰는 누군가에게 당신의 경험을 들려준 적이 있는가? 만약 그렇다면, 그 사람은 당신의 이야기를 어떻게 받아들였는가?

4. 예수님은 예루살렘 성문 바깥의 골고다라고 불리는 해골 모양의 커다란 바위 위에 세워진 십자가에서 경주를 마치셨다('골고다'는 해골을 뜻하는 아람어다). 십자가에서 예수님은 인류의 죄와 수치를 떠안으셨다. 히브리서 12장 2절은 예수님이 부끄러움을 개의치 아니하셨다고 말한다.

   - 당신에게 부끄러움은 어떤 감정인가? 부끄러움을 느꼈던 때에 관해 이야기해 보라.

   - 예수님이 당신과 마찬가지로 부끄러움을 느끼신 것이 왜 중요한가?

   - 믿음의 긴 여정에서 부끄러움 때문에 방해를 받은 적이 있는가? 만약 그렇다면 그것을 어떻게 극복할 수 있는가?

5. 히브리서 12장 2절에 따르면 예수님은 왜 십자가에서의 이 부끄러움을 견디셨는가?

   - 그리스도 안에서 기쁨을 경험하는가? 그 기쁨에 관해 이야기해 보라.

   - 이 기쁨의 순간은 오늘 경주에 임하는 당신을 어떻게 격려하는가?

   - 하늘 아버지와 연합된 우리 앞에 놓인 이 기쁨은 믿음의 여정에 오른 당신을 어떻게 격려하는가?

2부

일

갈릴리 바닷가 — 가버나움

"고향에 오신 것을 환영합니다."

내게 가장 좋아하는 순간을 꼽으라고 한다면, 예수님이 거니시고 사역하시던 땅에 도착하여 동료 여행자들에게 이렇게 말하는 순간을 꼽을 것이다. 고향에 온 것을 환영한다. 이곳은 우리 믿음의 고향이자 가장 높은 소망의 탄생지다. 이곳은 예수님이 우리에 대한 크신 사랑을 나타내기 위해서라면 못 가실 곳이 없음을 보여 주신 곳이다.

불과 3년 남짓한 공생애 기간 동안 예수님은 갈릴리 바닷가에서 가장 많은 시간을 보내셨다. 이곳은 예수님 당시의 모습과 거의 비슷하다. 우리는 베드로가 흔들리는 믿음을 안은 채 물 위를 걷는 모습과 제자들이 그물을 던지는 모습, 고깃배가 풍랑에 요동치는 모습을 떠올릴 수 있다.

해안가 인근에는 지금도 겨자 나무가 자란다. 자그마한 겨자씨를 가리키며 "너희에게 이만한 믿음이라도 있다면 내가 그것으로 무엇이든 할 수 있으리라"고 말씀하시는 예수님의 모습을 상상할 수 있는가? 진정한 믿음의 힘은 내면에서 그것을 불러일으키려고 애쓰는 우리에게 있는 게 아니라 우리의 작은 믿음조차 강력한 무엇으로 변화시켜 주시는 그리스도께 있다.

파도를 잠잠하게 하고, 빈 그물에 물고기가 가득하게 하고, 혼돈을 평온으로 변화시키는 그리스도의 권능이 우리 삶 가운데 평화가 임하게 하신다. 한 알의 겨자씨만 한 믿음이 우리에게 필요한 전부다.

4장

염려를 마주하시다

새벽 두 시 반이다. 당신은 잠이 오지 않는다. 베개를 만져보기도 하고 담요의 주름을 펴보기도 한다. 이쪽으로 돌아누워 보고 저쪽으로 돌아누워도 본다. 하지만 어떻게 해도 소용이 없다. 다른 사람들은 다 잠든 시간이다. 배우자는 꿈나라에 가 있고, 반려견은 발치에서 몸을 동그랗게 말고 잔다. 모두가 잠들어 있다. 당신을 제외한 모두가.

여섯 시간 후면 당신은 새로운 직장으로, 새로운 사무실로, 새로운 세상으로 걸어 들어갈 것이다. 당신은 영업부의 신입 사원으로 일하게 될 것이다. 이것이 과연 잘한 결정인지 몰라서 고민스럽다. 시간은 더디 간다. 경기는 불황이고, 경쟁은 날이 갈수록 심해진다. 게다가 당신은…

- 23세로, 대학을 갓 졸업한 사회 초년생이다.
- 33세로, 두 아이를 둔 가장이다.
- 43세로, 다니던 회사가 구조조정에 들어가 일자리를 잃었다.
- 53세로, 커리어를 바꾸기에 이상적인 나이는 아니다.

• 63세로, 은퇴 계획과 손자를 돌봐야 하는 문제로 고민이다.

나이와 상관없이 당신은 무수한 의문에 시달릴 것이다.
'내가 생계를 해결할 수 있을까?' '친구를 사귈 수 있을까?' '방을 얻을 수 있을까?' '그 소프트웨어 프로그램을 배울 수 있을까?' '영업 일에 적응할 수 있을까?' '화장실을 제대로 찾아갈 수 있을까?' 뒷목에 경련이 인다. 갑자기 불안해진다.
'오 이런, 종양이 생겼나 봐. 할아버지처럼 말이야. 할아버지는 1년간 화학요법을 하느라 고생하셨지. 그 치료를 받으면서 과연 새로운 직장에 다닐 수 있을까? 화학요법에 보험이 적용될까?'
이런 생각이 마치 캔자스의 대평원을 훑고 지나가는 토네이도처럼 당신의 마음을 휘저어 놓는다. 토네이도는 남아 있던 약간의 평안마저 쓸어 간다. 시계의 초록빛 숫자가 어둠 속의 유일한 빛이고, 사실상 당신 인생의 유일한 빛이다. 다시 한 시간이 경과한다. 당신은 베개에 머리를 파묻는다. 울고 싶다. 모든 게 엉망진창이다.

이 염려들은 무엇을 의미하는가? 두려움과 걱정, 초조, 근심은 무엇을 의미하는가? 그것은 다만 당신이 사람이라는 것을 의미한다. 그것은 당신이 정서적으로 미성숙하다는 뜻이 아니다. 어리석거나 악한 영에 사로잡혔거나 실패자라는 뜻이 아니다. 당신의 부모가 좋은 부모가 아니라거나 당신이 좋은 자녀가 아니라는 뜻이 아니다. 그리고 이 점이 중요한데, 당신이 그리스도인이 아니라는 뜻이 아니다.

그리스도인도 염려와 싸운다. 예수님도 염려와 싸우셨다! 겟세마네 동산에서 예수님은 이 잔이 지나가게 해달라고 세 번을 기도하셨다(마 26:36-44). 심장이 어찌나 격렬하게 요동치던지 모세혈관이 터져서 얼굴에 피가 흘러 내렸다(눅 22:44). 예수님은 염려하셨다. 그러나 계속해서 염려하지는 않으셨다. 예수님은 두려움을 하늘 아버지께 맡기고 믿음으로 이 땅에서의 사명을 완수하셨다. 이 예수님은 우리가 염려에서 벗어날 수 있도록 도우신다.

그러므로 내가 너희에게 이르노니 목숨을 위하여 무엇을 먹을까 무엇을 마실까 몸을 위하여 무엇을 입을까 염려하지 말라 목숨이 음식보다 중하지 아니하며 몸이 의복보다 중하지 아니하냐 공중의 새를 보라 심지도 않고 거두지도 않고 창고에 모아들이지도 아니하되 너희 하늘 아버지께서 기르시나니 너희는 이것들보다 귀하지 아니하냐 너희 중에 누가 염려함으로 그 키를 한 자라도 더할 수 있겠느냐 또 너희가 어찌 의복을 위하여 염려하느냐 들의 백합화가 어떻게 자라는가 생각하여 보라 수고도 아니하고 길쌈도 아니하느니라 그러나 내가 너희에게 말하노니 솔로몬의 모든 영광으로도 입은 것이 이 꽃 하나만 같지 못하였느니라 오늘 있다가 내일 아궁이에 던져지는 들풀도 하나님이 이렇게 입히시거든 하물며 너희일까보냐 믿음이 작은 자들아 그러므로 염려하여 이르기를 무엇을 먹을까 무엇을 마실까 무엇을 입을까 하지 말라 이는 다 이방인들이 구하는 것이라 너희 하늘 아버지께서 이 모든 것이 너희에게 있어야 할 줄을 아시느니라 그런즉 너희는 먼저 그의 나라와 그의 의를 구하라 그리하면 이 모든 것을 너희에게 더하시리라 그러므로 내일 일을 위하여 염려하지 말라 내일 일은 내일이 염려할 것이요 한 날의 괴로움은 그날로 족하니라(마 6:25-34).

이 성경 구절의 주제를 놓치기는 힘들다.

내가 너희에게 이르노니 … 염려하지 말라(25절).
염려함으로 그 키를 한 자라도 더할 수 있겠느냐(27절).
너희가 어찌 … 염려하느냐(28절).
그러므로 염려하여 이르기를 무엇을 먹을까 무엇을 마실까 무엇을 입을까 하지 말라(31절).
그러므로 … 염려하지 말라(34절).

염려하지 말라

염려는 새를 먹이지 못하고 꽃을 고운 빛깔로 물들이지도 못한다. 새와 꽃은 아무 염려 없이 잘 지내는 듯하다. 게다가 키가 작다고 10년을 걱정해 봐야 1센티미터도 더 자라지 않는다. 염려한다고 상황이 달라지지는 않는다. 그런데도 우리는 염려한다. 이제 염려해서는 안 된다는 것을 알았기에, 염려하기를 염려한다. 그러니 우리의 염려 목록에 염려를 더하지 않도록 예수님이 무슨 뜻으로 '염려'를 말씀하셨는지 알아보자.

예수님은 건강한 염려를 나무라신 게 아니다. 적절한 수준의 불안은 우리로 하여금 침대에서 일어나 할 일을 하게 한다. 이는 누구나 마찬가지다. 오늘 아침의 나도 그랬다. 나는 그보다 늦게 일어나면 안 되는 시간인 오전 네 시 반에 일어났다. 하지만 스트레스를 받는 대신 벌떡 일어나기를 택했다.

이른 아침에 내가 느낀 감정이 죄였을까? 내가 느낀 불안은 나의 영성이 부족하다는 표시였을까? 나는 그렇게 생각하지 않는다. 그것은 단지 내 마음이 자기 일을 하는 것일 뿐이다. 적절한 수준의 불안은 행동을 불러일으키는 데 도움이 된다. 내 경우, 이런 불안은 하루를 흘려보내지 말고 잘 사용할 것을 상기시키는 경고의 의미를 띤다.

내가 이른 아침의 알람 소리에 다르게 반응했다고 가정해 보자. 나는 해야 할 일은 하지 않고 아기 자세로 웅크리고 누워 내 처지를 비관한다.

'회중은 내게 너무 많은 걸 기대해. 매주 다른 설교를 해야 하고 설교 주제도 늘 달라야 하다니…. 이런 스트레스는 예수님도 감당하지 못하셨을 거야. 마감 기한을 맞추지 못하겠어. 하지만 그러면 직원들이 나를 미워할 테고, 그들은 나를 해고하라는 요청을 넣겠지. 내가 해고당하면 아내와 아이들이 창피해할 텐데…. 집에 잭 다니엘(위스키 이름—역주)이 있는지 모르겠네.'

이런! 적절한 수준의 불안이 패닉으로 바뀌었다. 나는 걱정이 지나쳐 몹시 초조하고 안절부절못하는 상태에 빠져들었다. 나는 더 이상 기대하거나 준비하지 않는다. 자기연민협회의 회원이 된 것이다. 예수님이 경계하신 것이 바로 이것이다.

예수님은 해야 할 일에 대한 자연스러운 염려를 나무라신 게 아니라 염려 뒤에 이어지는, 하나님의 임재를 밀어내는 마음가짐을 나무라신다. 성경의 한 번역본이 예수님의 말씀을 어떻게 전하고 있는지 보자.

그러므로 내 너희에게 말하노니, 삶에 대해 끊임없이 불안해 하는 (걱정하고 염려하는) 것을 그만두어라 (마 6:25, AMPC).

여기 염려에 대한 정의가 나온다. 그것은 '미래에 대한 끊임없는 불안'이다. 염려는 하나님을 신뢰하지 않고 존중하지 않는 마음 상태다. 하나님을 배제한 삶은 하나님의 개입 없이 모든 일을 감당해야 하는 불확실성에 직면한다. 여기에 대해 우리는 두통이나 불면, 식욕부진, 과식, 짜증, 고혈압, 심장병… 심지어 암과 같은 커다란 대가를 치르게 된다.

안달하며 걱정하지 말아라. 이것은 악으로 치우칠 뿐이다(시 37:8, 현대인의 성경).

내 친구 하나는 여섯 살 난 딸에게서 '끊임없는 불안'의 예를 보았다. 아이는 학교에 가려고 서둘러 옷을 입고 신발을 신으며 끈을 묶다 엉키고 말았다. 아이는 털썩 주저앉아 매듭이 엉킨 신발 끈에 몰두했다. 그러느라 끊임없이 시간이 흐르고 있다는 것과 곧 스쿨버스가 도착할 것을 알았지만, 아이의 아빠가 기꺼이 도와주려는 마음을 가지고 옆에 서 있다는 데까지는 생각이 미치지 못했다. 아이는 고사리 같은 손이 떨리고 눈물이 날 만큼 불안해하다가 결국 무릎에 얼굴을 파묻고 흐느끼기 시작했다.

염려를 잘 보여 주는 한 장면이다. 어떤 사람들은 엉킨 끈에서 눈을 들지 못한다. 그들은 아버지가 옆에 있다는 사실은 떠올리지 못하고 좌절과 분노와 염려에만 사로잡혀 있다. 내 친구는 마침내 직접 나서서 딸아이를 도와주었다. 아이는 왜 처음부터 아빠에게 도움을 청하지 않았을까? 좋은 질문이다. 우리는 왜 처음부터 아버지께 도움을 청하지 않는가? 아버지는 우리에게 도움을 요청하라고 말씀하신다.

> 아무것도 염려하지 말고 다만 모든 일에 기도와 간구로, 너희 구할 것을 감사함으로 하나님께 아뢰라(빌 4:6).

이 성경 구절은 마치 폭포수가 성냥불을 끄듯 염려를 잠재운다. 걱정스러운 생각이 드는 순간, 그것을 하나님께 가져가라.
"오 이런, 도로가 공사 중이네. 시간에 맞춰 갈 수가 없겠는 걸" 하고 말하는 대신 "도로가 공사 중이네. 주님, 저를 좀 도와주세요" 하고 말해 보라.
"구조조정에서 살아남지 못할 거야" 하고 말하는 대신 "하나님, 구조조정이 이루어지는 과정에서 저와 함께해 주세요" 하고 말해 보라.
당신은 침대에 누운 채 그날 해야 할 일들에 대해 스트레스를 받을 수도 있고, 아니면 벌떡 일어나 "감사합니다, 하나님. 오늘의 할 일을 하겠습니다" 하고 말할 수도 있다. 초조하고 불안한 모든 것을 기도로 바꾸라. 이것이 바로 예수님이 무리를 먹이신 사건의 교훈 중 하나가 아니겠는가?

염려에 대한 예수님의 처방전
– 여덟 개까지 셀 것

그 굶주린 무리는 적절하지 못한 때에 나타났다. 예수님은 세례 요한의 죽음으로 마음이 무거우셨기에 잠시 제자들과 떨어져 있고자 하셨다. "너희는 따로 한적한 곳에 가서 잠깐 쉬어라"(막 6:31).

그때 무리가 모여들었다. 1만 5,000명에서 2만 명쯤 되는 사람들이었다. 병들고 가난하여 비참한 삶을 사는 그들은 도움을 받기 위한 요청 외에는 가지고 온 것이 없었지만, 예수님은 그들을 친절하게 대하셨다. 그러나 제자들에게는 예수님과 같은 연민이 없었다. "저녁이 되매 제자들이 나아와 이르되 이 곳은 빈 들이요 때도 이미 저물었으니 무리를 보내어 마을에 들어가 먹을 것을 사 먹게 하소서"(마 14:15).

맙소사, 누군가 살짝 성이 난 듯하다. 평소 제자들은 예수님께 존경의 의미로 "주여"라는 말로 시작했지만, 이번에는 아니었다.

그들은 요청이 아니라 명령했다. 그들은 무리를 돌려보낼 심산이었고, 그리하여 예수님께 사람들을 돕는 일을 그만두실 것을 종용했다. "무리를 보내어 마을에 들어가 먹을 것을 사 먹게 하소서."

그들은 자기 입장을 변호할 수 있었다. 사람들은 도시락을 싸 왔어야 했다. 게다가 무리를 먹일 만큼의 돈이 어디 있단 말인가? 제자들에게는 그럴 만큼의 돈이 없었다. 예수님은 제자들의 무례한 태도나 무정한 마음에 동요되지 않으셨다. 다만 이렇게 말씀하실 뿐이었다. "갈 것 없다 너희가 먹을 것을 주라"(16절).

그리하여 제자들은 가지고 있는 음식을 살펴보고는 다음과 같은 결론에 도달한다. "여기 우리에게 있는 것은 떡 다섯 개와 물고기 두 마리뿐이니이다"(17절).

그 모습이 그려지는가? 제자들은 모여서 음식이 얼마나 있는지 조사한다. "떡을 세어 보자. 하나, 둘, 셋, 넷, 다섯. 떡이 다섯 개네. 안드레, 네가 다시 세어 볼래? 하나, 둘, 셋, 넷, 다섯…." 물고기도 센다. 그러나 어떻게 세도 결과는 같다.

화자는 이렇게 말하는 듯하다. "우리가 가진 것은 너무나 적습니다. 이 보잘것없는 도시락이 전부입니다." 빌립이 한마디 거든다. "각 사람으로 조금씩 받게 할지라도 이백 데나리온의 떡이 부족하리이다"(요 6:7). 그는 예수님이 지시하신 일이 너무 엄청난 일이어서 할 수 없다고 말하는 듯하다.

여기에 대해 예수님이 어떻게 느끼셨을 것 같은가? 제자들이 다른 가능성을 포함시키기를 원하셨을까? 모든 선택지를 고려하기를 원하셨을까? 누군가가 여덟 개까지 세기를 바라셨을까? "음, 어디 보자. 떡 다섯 개와 물고기 두 마리 그리고… 이런, 이게 다잖아!" 제자들은 맥이 빠졌을 것이다. 그러나 예수님은 이렇게 말씀하신다.

구하라 그러면 너희에게 주실 것이요 찾으라 그러면 찾아낼 것이요 문을 두드리라 그러면 너희에게 열릴 것이니(눅 11:9).

너희가 내 안에 거하고 내 말이 너희 안에 거하면 무엇이든지 원하는 대로 구하라 그리하면 이루리라(요 15:7).

무엇이든지 기도하고 구하는 것은 받은 줄로 믿으라 그리하면 너희에게 그대로 되리라(막 11:24).

제자들 옆에는 문제 해결의 열쇠를 쥐고 있는 분이 서 계셨지만, 그들은 그분에게 가지 않았다. 그들은 일곱 개에서 멈춘 뒤 걱정에 빠졌다. 그렇게 하지 말라. 여덟 개까지 세라. 아니, 그보다는 예수님께 의지하라. 제자들은 결국 예수님께 의지했다. 예수

4장 염려를 마주하시다 77

님이 부활하신 후에 제자들이 가장 먼저 한 것은 기도였다. 예수님은 그들에게 다음과 같은 말씀을 남기셨다. "너희가 … 예루살렘과 온 유대와 사마리아와 땅끝까지 이르러 내 증인이 되리라"(행 1:8). 무리를 돌려보내고자 했던 사람들이 이제 세상으로 파송되었다. 그들이 바구니 안의 내용물을 세어 보았는가? 이번에는 아니었다. 대신 그들은 그리스도께 의지했다. "그들이 유하는 다락방으로 올라가니 … 마음을 같이하여 오로지 기도에 힘쓰더라"(행 1:13-14).

그들의 예에서 무언가를 배울 수 있을까? 내게 몇 가지 아이디어가 있다. 나와 함께 여덟 개까지 세어 보지 않겠는가?

염려를 멈추게 하는 여덟 가지

염려 일기를 쓰라

일정 기간 동안 당신의 염려를 기록하라. 당신을 걱정시키는 모든 일의 목록을 만들라. 그것들이 얼마나 자주 현실이 되었는가? 당신은 집에 불이 날까 봐 걱정했다. 그런데 정말로 불이 났는가? 당신은 직장에서 해고당할까 봐 걱정했다. 그런데 정말로 해고당했는가?

염려하는 것이 주로 무엇인지 알아차리라

염려 목록을 보면 당신이 주로 어떤 것들에 대해 염려하는지 알게 된다. 사람들이 당신을 어떻게 생각하는지에 대한 것이나 재정 상태, 외모나 능력 등 거의 강박적일 만큼 거듭거듭 당신을 고민에 빠뜨리는 영역을 알 수 있다.

염려를 그리스도께 가져가라

가나의 혼인 잔치에서 예수님의 어머니가 한 것처럼 하라. 혼인 잔치에 포도주가 떨어진 일은 당시 사회적으로 결례가 되는 일이었다. 마리아는 준비성이 부족한 혼주나 포도주를 너무 많이 마시는 하객들을 탓할 수도 있었지만, 그러지 않았다. 그녀는 문제에 골몰하는 대신 그것을 곧바로 예수님께 가져갔다. "이 집에 포도주가 떨어졌구나"(요 2:3, 현대인의 성경).

무언가가 부족하여 곤란한 상황에 처했을 때 당신이 얼마나 빨리 이렇게 할 수 있는지 보라. 하루를 보내는 순간마다 그리스도께 청하라. "제겐 지혜가 부족합니다.", "인내심이 바닥나고 있습니다.", "주님, 저는 어찌할 바를 모르겠습니다."

염려를 그리스도께 맡기라

"너희 염려를 다 주께 맡기라 이는 그가 너희를 돌보심이라"(벧전

5:7). 이번에도 마리아가 좋은 본이 된다. 예수님이 망설이실 때 마리아는 설득하려 하지 않았다. 그녀는 하인들에게 예수님이 시키시는 대로 하라고 말했다. 입씨름하거나 말다툼을 벌이지 않고 다만 예수님을 신뢰했다.

염려 특공대를 조직하라

당신이 발견한 것들을 사랑하는 사람들과 나누라. 기도를 요청하라. 그들은 당신이 상상한 것 이상으로 기꺼이 돕고자 할 것이다. 당신의 염려가 줄어든다는 것은 그들의 행복이 늘어난다는 것을 의미한다.

염려 퇴치자가 되어라

근심 걱정을 모기처럼 대하라. 모기가 피를 빨아먹듯 염려는 에너지를 빨아먹는다. 마음속에서 염려가 올라오는 순간, 그것을 다루라. 거기에 대해 깊이 생각하지 말라. 염려에 사로잡히기 전에 그것을 몰아내라. 상사가 어떤 생각을 하는지 고민하느라 시간을 보내지 말고 그에게 물어보라. 몸에 생긴 반점을 암이라고 진단하지 말고 병원에서 진찰을 받아라. 빚에서 헤어날 길이 없다고 절망하지 말고 전문가에게 상담을 받아라. 가만히 앉아서 마음 졸이는 사람이 되지 말고 행동하는 사람이 되어 보라.

하나님의 만나 계획을 알라

하나님은 날마다 그날 필요한 것들을 주신다. 주마다 주시거나 해마다 주시지 않는다. 오늘 1년 치를 한꺼번에 몰아서 주시지 않는다. 하지만 필요한 것을 필요한 때에 주신다.

> 그러므로 우리는 긍휼하심을 받고 때를 따라 돕는 은혜를 얻기 위하여 은혜의 보좌 앞에 담대히 나아갈 것이니라(히 4:16).

다음의 오래된 찬송가는 이렇게 인내심을 가지고 기다리는 마음을 표현한다.

내 마음아, 너무 서두르지 말거라!
하나님을 믿고 기다리거라.
그분은 비록 오래 지체하실지라도
너무 늦는 법은 없으시니.

그분은 너무 늦는 법이 없으시고
무엇이 최선인지 아신다네.
그러니 공연히 안달하지 말고
그분이 오실 때까지 휴식을 취하거라.

그분이 오실 때까지 휴식을 취하고
시간이 흐른다고 불평하지 말거라.
하나님을 기다리는 발은
가장 빨리 목적지에 이르리니.

가장 빨리 목적지에 이르리니,
이는 서둘러서 되는 게 아니라네.
그러니 잠잠하라, 내 마음아.
나는 하나님의 인도하심을 기다리리니.[1]

하나님만으로 충분함을 알라

예수님은 염려에 관한 설교를 다음과 같은 말로 끝맺으셨다.

> 그런즉 너희는 먼저 그의 나라와 그의 의를 구하라 그리하면 이 모든 것을 너희에게 더하시리라(마 6:33).

우리가 하나님 나라를 구할 때 염려는 사라진다. 먼저 부의 나라를 구하면 한 푼 한 푼을 걱정하게 될 것이고, 먼저 건강의 나라를 구하면 아플 때마다 진땀을 흘릴 것이다. 먼저 인기의 나라를 구하면 늘 번민 속에 살아갈 것이고, 먼저 안전의 나라를 구하면 문제가 생길 때마다 소스라치게 놀랄 것이다. 하나님과 그의 나라에 못 미치는 것을 구할 때 우리는 염려한다. 그러나 하나님만으로 충분할 때 우리는 더 이상 염려하지 않는다. 하나님은 결코 우리를 혼자 두지 않으시며, 여기에 대해서만큼은 염려할 필요가 전혀 없다.

말씀과 삶을 잇는 묵상 질문

1. 오늘 어떤 염려가 있는가?
   - 그것으로 인해 얼마나 오랫동안 마음이 무거웠는가?

   - 그것에 대해 얼마나 자주 생각하는가?

   - 맥스 루케이도는 염려가 사람의 자연스러운 감정임을 강조한다. 그의 말처럼 그것은 "당신이 그리스도인이 아니라는 뜻이 아니다."(p.69) 이에 대해 어떻게 생각하는가?

2. 예수님도 염려하셨다. 성경은 예수님이 겟세마네 동산에서 큰 염려 가운데 계셨던 순간을 묘사한다. 이 동산에서는 다음날 예수님이 재판을 받으실 예루살렘 성내가 내려다보인다. 마태복음 26장 36-44절에 나오는 이야기를 읽으라.
   - 예수님이 겟세마네 동산에서 걱정스러운 생각들을 하고 계셨는지 어떻게 아는가?

   - 예수님은 걱정스러운 생각들을 어떻게 다루셨는가?

   - 염려는 당신에게 어떤 영향을 미치는가?

   - 예수님도 염려하셨다는 것을 알고 나니 어떤가?

3. 예수님은 팔복산에서 염려에 관한 설교를 하셨다. 이 산에서는 풀과 꽃으로

가득한 언덕과 계곡이 내려다보인다. 이 풍광을 마음에 그리며 마태복음 6장 25-34절을 읽어 보라.

- 30-34절에 따르면 우리는 왜 염려하지 말아야 하는가?

- "적절한 수준의 불안"과 "패닉"을 어떻게 구별할 수 있는가?(p.72)

- 언제 적절한 수준의 불안을 느꼈는가? 그 결과 어떻게 행동했는가?

4. 빌립보서 4장 6절을 읽으라. 이 성경 구절에 따르면 우리의 염려를 어떻게 해야 하는가?

- 마태복음 14장에서 제자들은 무리를 먹이는 일과 관련하여 어떻게 실패했는가?

- 무언가가 염려되기 시작할 때 당신은 대개 어떻게 하는가?

- 그리스도께 맡겨야 할 염려 중 한 가지를 말해 보라.

5. 맥스 루케이도가 소개한, 염려를 멈추게 하는 여덟 가지는 무엇인가?

- 이 여덟 가지 중 염려를 멈추기 위해 오늘 사용할 수 있는 것은 무엇인가?

- 이 여덟 가지 중 매일의 삶에 적용할 만한 것은 무엇인가?

5장

폭풍우 속으로 오시다

배가 이미 육지에서 수 리나 떠나서 바람이 거스르므로 물결로 말미암아 고난을 당하더라 밤 사경에 예수께서 바다 위로 걸어서 제자들에게 오시니 제자들이 그가 바다 위로 걸어오심을 보고 놀라 유령이라 하며 무서워하여 소리 지르거늘 예수께서 즉시 이르시되 안심하라 나니 두려워하지 말라 베드로가 대답하여 이르되 주여 만일 주님이시거든 나를 명하사 물 위로 오라 하소서 하니 오라 하시니 베드로가 배에서 내려 물 위로 걸어서 예수께로 가되 바람을 보고 무서워 빠져 가는지라 소리 질러 이르되 주여 나를 구원하소서 하니 예수께서 즉시 손을 내밀어 그를 붙잡으시며 이르시되 믿음이 작은 자여 왜 의심하였느냐 하시고 배에 함께 오르매 바람이 그치는지라(마 14:24-32).

갈릴리 바다의 기후는 변화무쌍하다. 갈릴리는 유명한 호수치고는 작은 편이어서, 길이 13마일(20.9킬로미터)에 폭 7.5마일(12킬로미터)에 불과하다. 크기가 작은 만큼 동쪽의 골란 고원에서 불어오는 바람에 취약하다. 저기압성 폭풍은 이 방향으로 불었다가 저

방향으로 불었다가 하면서 호수를 휘저어 놓는다. 겨울철에는 보름에 한 번씩 폭풍이 몰아쳐서 한 번에 이삼일씩 거센 풍랑을 일으킨다. 갈릴리 사람들은 폭풍을 당연히 여겼다. 그들에게 폭풍이란 일상의 한 부분이었고, 지금도 그렇다.

인생에는 폭풍우가 따른다

우리가 사는 세상의 기후 조건은 심각한 난기류를 만들어 낸다. 건강 위기와 경제적인 어려움, 원치 않는 청구서, 암세포가 우리 삶을 위태롭게 한다.

베드로와 그의 동료들은 자신들이 곤경에 처했음을 알았다. 햇빛은 기억에서 사라진 지 오래였고, 밤하늘에서 쏟아지는 비는 마치 양동이로 들이붓는 것 같았다. 번개가 은빛 검을 휘두르며 어둠을 갈랐고, 바람이 돛을 때렸다. 배는 기울어진 채 3월의 바람에 날리는 연처럼 이리저리 떠다녔다.

그러나 배는 이미 육지를 떠나 상당히 멀리까지 갔는데, 바람이 휘몰아치므로 파도에 시달리고 있었다(마 14:24, 현대인의 성경).

인생의 시련기에 대한 참으로 적절한 비유가 아닐 수 없다. 바람이 당신이 원하는 것과는 반대 방향으로 부는 탓에 당신은 "육지를 떠나 상당히 멀리까지 갔는데 … 파도에 시달리고" 있다.

당신은 이혼하는 과정에서 죄책감에 시달리고 있다.

당신은 빚을 져서 채권자들에게 시달리고 있다.

당신은 기업을 인수하면서 금융 시장과 이윤 마진에 시달리고 있다.

그러나 바다에서의 아홉 시간이 지난 뒤, 말로 형용할 수 없는 일이 일어난다. 제자들은 누군가 물 위로 걸어오는 것을 보았다. 그들은 유령인 줄 알고 두려워 비명을 질렀다. "새벽 4시쯤 되어 예수님이 바다 위를 걸어 제자들에게 오셨다. 제자들은 예수님이 바다 위로 걸어오시는 것을 보고 무서워하며 '유령이다!' 하고 소리쳤다"(마 14:25-26, 현대인의 성경). 제자들은 예수님이 물 위를 걸어 그들에게 오시리라고는 기대하지 못했다.

우리도 마찬가지다. 우리는 예수님이 평화로운 찬송가나 부활절 주일 또는 영성 훈련을 통해 오시리라고 기대했다. 아침 경건의 시간이나 교회의 식탁 교제 중에 또는 묵상 가운데서 예수님을 발견하리라고 기대했다. 이혼이나 죽음, 소송, 감옥을 통해 예수님을 보리라고는 기대하지 못했다. 폭풍우 속에서 예수님을 보리라고는 기대하지 못했다. 그러나 예수님이 가장 잘 역사하시는 것은 폭풍우 속에서다. 폭풍우 속에서 우리의 주의 집중이 가장 강렬해지기 때문이다.

예수님은 모든 교회의 초석에 새길 만한 말씀으로 제자들의 두려움에 응하셨다. "담대하라! 스스로 있는 자니 두려워 말라!" 나는 프레드릭 브루너(Frederick Bruner, 마태복음 주석서를 쓴 미국의 신학자—역주)의 이 번역이 마음에 든다. "나니"나 "내가 여기 있으니" 같은 일반적인 번역은 예수님의 말씀이 갖는 위력을 감소시킨다. 예수님은 단지 바다 위에 있음을 선언하시는 게 아니라 폭풍을 다스리시는 권능을 선포하신다. 예수님은 "내가 여기 있으니"라고 말씀하지 않으신다. "스스로 있는 자니"라고 말씀하신다.

이는 하나님이 떨기나무 가운데서 모세에게 하신 말씀이다. "너는 이스라엘 자손에게 이같이 이르기를 스스로 있는 자가 나를 너희에게 보내셨다 하라"(출 3:14). 이는 하나님이 사막에서 아브라함에게 하신 말씀이다. "나는 … 여호와니라"(창 15:7). 이는 하나님이 광야에서 히브리인들에게 하신 말씀이다. "나 곧 내가 그인 줄 알라 나 외에는 신이 없도다"(신 32:39). 이것은 정체성에 관한 선언이 아니라 신성에 관한 선포다.

이 바람을 다스리실 이가 누구인가? 스스로 있는 자다.

폭풍우를 잠재우실 이가 누구인가? 스스로 있는 자다.

도우러 오실 이가 누구인가? 스스로 있는 자다.

"담대하라! 스스로 있는 자니 두려워 말라!" 이 같은 말씀으로 그리스도는 폭풍우를 다스리시는 총사령관을 자임한다. 그리고 베드로는 예수님의 말씀을 그대로 받아들인다. "주여 만일 주님이 시거든 나를 명하사 물 위로 오라 하소서"(마 14:28).

베드로는 그리스도 없이 배에 남기보다는 그리스도와 함께 배 바깥에 있기를 원한다. 그리하여 그는 총사령관께 명을 내려달라고 청한다. 예수님은 그렇게 하신다. "오라 하시니 베드로가 배에서 내려 물 위로 걸어서 예수께로 가되"(29절). 역사적인 몇 걸음을 내딛는 그 순간, 베드로는 불가능한 일을 해낸다. 그는 모든 자연법칙과 중력에 도전한다.

"베드로가 … 물 위로 걸어서 예수께로 가되."

나는 마태가 이 문장을 쓸 때 어떤 느낌이었는지 궁금하지 않을 수 없다. 그는 펜을 내려놓고 고개를 가로저었으리라. "베드로가 … 물 위로 걸어서 예수께로 가되." 내 책의 편집자들이라면 이 대목에서 그런 간결함을 참을 수 없을 것이다. 그들은 원고 여백에 빽빽하게 질문을 적어 넣을 것이다. "조금 더 자세히 설명해 주시겠어요? 베드로는 얼마나 빨리 배에서 내렸나요? 첫걸음을 내디딜 때 얼마나 조심스러웠나요? 그의 표정은 어땠나요? 혹시 물고기를 밟지는 않았나요?" 그러나 마태는 그런 것들을 생각할 겨를이 없었다. 그는 빠르게 우리를 그 순간의 주된 메시지로 이끈다.

시선을 고정할 것

"(베드로가) 바람을 보고 무서워 빠져 가는지라 소리 질러 이르되 주여 나를 구원하소서 하니"(30절). 집채만 한 파도가 베드로의 시야를 가린다. 거센 바람에 돛이 떨어져 나간다. 번개가 호수와 물마루를 비춘다. 베드로는 예수님에게서 시선을 돌려 폭풍우에 주의를 쏟다가 연못에 던져진 벽돌처럼 가라앉는다. 예수님보다 폭풍우에 더 주의를 기울이면 우리도 베드로처럼 될 것이다.

하나님은 우리가 좋은 소식을 고대하고 그분의 역사하심을 구하기 원하신다. 담대함으로의 부르심은 순진함이나 무지로의 부르심이 아니다. 우리는 폭풍우를 잊지 말되, 하나님의 역사하심을 바라봄으로써 균형을 맞춰야 한다.

> 그러므로 우리는 들은 것에 더욱 유념함으로 우리가 흘러 떠내려 가지 않도록 함이 마땅하니라(히 2:1).

무엇이든 예수님께 시선을 고정하게 해주는 일을 하라. 성경 구절을 암송하라. 찬송가를 부르라. 위인전을 읽으라. 신실한 그리스도인의 간증에 대해 생각하라. 예수님의 음성을 따라 걸으라. 예수님께 소망을 두기로 결심하라. 주의가 흐트러지면 다시 예수님께 주의를 집중하라. 예레미야는 그렇게 했다. 시간을 거슬러 올라가 이 구약 시대의 선지자로부터 교훈을 얻을 수 있는지 보자. 폭풍우에 갇힌 사람에 대해 이야기해 보자!

> 여호와의 분노의 매로 말미암아
> 고난당한 자는 나로다
> 나를 이끌어 어둠 안에서 걸어가게 하시고
> 빛 안에서 걸어가지 못하게 하셨으며
> 종일토록 손을 들어
> 자주자주 나를 치시는도다(애 3:1-3).

예레미야는 고통 가운데 있었다. 그의 세계는 쓰나미에 휩쓸린 모래성처럼 무너져 내렸다. 예레미야는 심적 고통을 하나님 탓으로 돌렸다. 그리고 육체적 고통에 대해서도 하나님을 탓했다.

> 나의 살과 가죽을
> 쇠하게 하시며
> 나의 뼈들을 꺾으셨고(애 3:4).

예레미야는 몸이 아팠다. 마음이 괴로웠다. 믿음이 적었다.

고통과 수고를 쌓아

나를 에우셨으며(애 3:5).

막다른 골목으로 내몰린 사람처럼 꼼짝도 할 수 없다고 느꼈다.

나를 둘러싸서 나가지 못하게 하시고

내 사슬을 무겁게 하셨으며

내가 부르짖어 도움을 구하나

내 기도를 물리치시며

다듬은 돌을 쌓아 내 길들을 막으사

내 길들을 굽게 하셨도다(애 3:7-9).

예레미야는 오직 자신의 비참한 상황만을 생각할 뿐이었다. 만약 누군가 물어보았다면 파고와 풍속을 알려 줄 수도 있었을 터였다. 하지만 그는 자신이 얼마나 빠른 속도로 가라앉고 있는지 깨달았고, 그리하여 마침내 하나님께 집중하기로 했다.

이것을 내가 내 마음에 담아 두었더니

그것이 오히려 나의 소망이 되었사옴은

여호와의 인자와 긍휼이 무궁하시므로

우리가 진멸되지 아니함이니이다

이것들이 아침마다 새로우니

주의 성실하심이 크도소이다

내 심령에 이르기를 여호와는 나의 기업이시니

그러므로 내가 그를 바라리라 하도다(애 3:21-24).

"이것을 내가 내 마음에 담아 두었더니…." 괴로워하던 예레미야는 생각을 바꿔 하나님께 주의를 집중했다. 그는 파도에서 시선을 돌려 하나님이 행하신 놀라운 일들을 바라보았다.

베드로도 마찬가지였다. 잠시 물속으로 빠져들어 가던 그는 그리스도께 시선을 돌리며 외쳤다. "주여 나를 구원하소서"(마 14:30). 그 즉시 예수님이 손을 내밀어 그를 붙잡으시며 말씀하셨다. "믿음이 작은 자여 왜 의심하였느냐." 그런 뒤에 함께 배에 오르시자 바람이 그쳤다(마 14:31-32).

예수님은 더 일찍 폭풍을 잠재우실 수도 있었지만, 그러지 않으셨다. 예수님은 제자들에게 가르침을 주기 원하셨다. 예수님은 당신의 폭풍도 오래전에 잠재우실 수도 있었지만, 그러지 않으셨다. 예수님은 온 우주에, 무지개와 저녁노을과 수평선과 별이 총총한 하늘에 그분의 학위를 걸어놓으셨다. 성경에 그분의 업적을 기록해 놓으셨다. 우리는 지금 6,000시간의 비행에 관해 이야기하는 게 아니다. 예수님의 이력서에는 홍해가 갈라지고, 사자가 입을 다물고, 골리앗이 쓰러지고, 나사로가 부활하고, 폭풍이 잠잠해지고, 물 위를 걸으신 것이 포함되어 있다.

예수님의 가르침은 분명하다. 당신은 폭풍이 두려운가? 그렇다면 폭풍에 시선을 주지 말고 예수님을 바라보라. 이번이 당신에게는 첫 번째 비행일지 모르지만, 예수님께는 그렇지 않다.

말씀에 주의를 기울일 것

날마다 좋은 일이 있기를 바라는가? 예수님은 은혜받은 대로 베풀라고 말씀하신다. 베드로의 질문에 대한 예수님의 대답을 오래 들여다보라. "그때에 베드로가 나아와 이르되 주여 형제가 내게 죄를 범하면 몇 번이나 용서하여 주리이까 일곱 번까지 하오리이까 예수께서 이르시되 네게 이르노니 일곱 번뿐 아니라 일곱 번을 일흔 번까지라도 할지니라"(마 18:21-22). 하나님은 용서할 수 없는 사람들을 용서하신다.

그러므로 천국은 그 종들과 결산하려 하던 어떤 임금과 같으니 결산할 때에 만 달란트 빚진 자 하나를 데려오매 갚을 것이 없는

지라 주인이 명하여 그 몸과 아내와 자식들과 모든 소유를 다 팔아 갚게 하라 하니(마 18:23-25).

참으로 어마어마한 빚이 아닐 수 없다. 종은 임금에게 만 달란트의 빚을 졌다. 1달란트는 6,000데나리온이고, 1데나리온은 하루치 품삯이다(마 20:2). 그러므로 1달란트는 6,000일 치 품삯이고, 만 달란트는 6,000만 일 또는 16만 4,000년 치 임금이다. 하루에 100달러를 버는 사람이라면 6억 달러의 빚을 진 셈이다.

휴! 천문학적인 액수 아닌가. 예수님이 과장이 심하신 듯하다. 아마도 요지를 잘 전달하기 위해 과장해서 말씀하신 것이리라. 그런데 과연 과장일까? 한 사람이 다른 사람에게 그만한 액수의 빚을 질 일은 없을 것이다. 하지만 우리가 하나님께 진 빚을 말씀하고 계신 것이라면 어떤가?

우리가 하나님께 진 빚을 계산해 보자. 당신은 한 시간에 얼마나 자주 죄를 짓는가? 죄는 "…에 이르지 못하는" 것을 말한다(롬 3:23). 염려는 믿음에 이르지 못한 것이고, 불관용은 친절에 이르지 못한 것이며, 비난하는 마음은 사랑에 이르지 못한 것이다. 당신은 얼마나 자주 하나님께 이르지 못하는가? 논의를 위해 한 시간에 열 번 죄를 짓는다고 가정하고 계산해 보자. 시간당 열 번의 죄에 하루 중 깨어있는 열여섯 시간을 곱하고(자는 동안은 죄를 짓지 않

5장 폭풍우 속으로 오시다 97

는다고 가정하기로 한다), 여기에 1년 365일을 곱하고, 다시 남성의 평균 수명 74년을 곱하면 대략 한 사람이 평생 430만 번의 죄를 짓는다는 계산이 나온다.

당신이 지은 430만 번의 죄를 하나님께 어떻게 갚을 수 있을까? 이 빚을 청산하는 것은 불가능하다. 당신은 빚의 바다에서 허우적거리고 있다. 예수님이 정확하게 말씀하셨다. 이 이야기에서 빚진 자는 누구인가? 당신과 나다. 왕은 누구신가? 하나님이시다. 하나님이 어떻게 하시는지 보자.

> 갚을 것이 없는지라 주인이 명하여 그 몸과 아내와 자식들과 모든 소유를 다 팔아 갚게 하라 하니 그 종이 엎드려 절하며 이르되 내게 참으소서 다 갚으리이다 하거늘 그 종의 주인이 불쌍히 여겨 놓아 보내며 그 빚을 탕감하여 주었더니(마 18:25-27).

하나님은 이기적인 인류의 무수한 죄를 용서하신다. 죄로 가득한 6,000만 일을 용서하신다. "순전히 은혜로, 그분은 우리를 그분 앞에 바로 세워 주셨습니다. 이는 전적으로 그분의 선물입니다. 그분은 우리를 진창에서 건져 주셨고, 우리가 있기를 늘 원하셨던 자리로 우리를 되돌려 주셨습니다. 바로 예수 그리스도를 통해서 그 일을 하셨습니다"(롬 3:24, 메시지).

하나님은 용서할 수 없는 사람들을 용서하신다. 이것이 이 이야기의 유일한 요지라고 해도 우리에게는 생각할 거리가 많을 것이다. 그러나 이것은 2막극 중 1막에 불과하다. 펀치 라인은 아직 나오지 않았다. 우리는 상상하지 못한 장면이다. 용서받은 사람이 용서하기를 거부하는 것이다.

> 그 종이 나가서 자기에게 백 데나리온 빚진 동료 한 사람을 만나 붙들어 목을 잡고 이르되 빚을 갚으라 하매 그 동료가 엎드려 간구하여 이르되 나에게 참아 주소서 갚으리이다 하되 허락하지 아니하고 이에 가서 그가 빚을 갚도록 옥에 가두거늘(마 18:28-30).

이해할 수 없는 행동이다. 수천만 달러의 빚을 탕감받은 사람이라면 자신도 다른 사람에게 수천만 달러의 빚을 탕감해 줄 수 있어야 하는 것 아닐까?

용서받은 종은 그에게 약간의 빚을 진 사람을 용서해 줄 수도 있었다. 그런데 그는 그렇게 하지 않았다. 그는 기다려 주지 않았다(마 18:30). 용서하기를 거부했다. 그는 용서할 수 있었고 또 용서해야 했다. 용서받은 사람은 용서해야 한다. 그의 이해할 수 없는 행동은 과연 그가 진정으로 임금의 용서를 받아들였는지 의심스럽게 한다.

이 이야기에는 무언가가 빠져 있다. 그것은 바로 감사다. 확실히 이 이야기에는 용서받은 종의 기쁨이 나타나 있지 않다. 감사할 줄 모르는 아홉 명의 나병 환자들처럼 이 종은 임금에게 감사하다는 말을 하지 않았다. 그는 감사를 표현하지 않았고, 기쁨의 노래를 부르지 않았다. 그와 그의 가족이 자유를 얻고, 형벌을 면하고, 거액의 빚을 탕감받았음에도 불구하고 그는 아무 말도 하지 않았다. 그는 추수감사절 퍼레이드와 같은 감사 행진을 벌였어야 했다. 그는 낙제로 퇴학 경고를 받은 학생처럼 은혜를 구했지만, 막상 은혜를 입자 마치 B학점 이하로는 받아본 적이 없는 것처럼 굴었다.

그의 침묵은 이 이야기에서 가장 중요한 부분일 수 있다. "사함을 받은 일이 적은 자는 적게 사랑하느니라"(눅 7:47). 이 사람은 은혜를 적게 받았기에 적게 사랑하는 듯하다. 이 사람은 은혜를 거부하는 사람이다. 그는 임금의 은혜를 받아들이지 않는다. 그는 총알을 피한 뒤 재빨리 숨어서 상대방에게 총을 쏜 사람처럼 교활한 웃음을 머금고 어전을 떠난다. 그는 임금을 설득하여 어려운 상황을 빠져나왔다.

그에게는 용서받지 못한 자의 표식이 있으니, 그것은 바로 그가 용서하기를 거부한다는 것이다. 임금은 그 종의 인색함에 대해 듣고 진노한다.

이에 주인이 그를 불러다가 말하되 악한 종아 네가 빌기에 내가 네 빚을 전부 탕감하여 주었거늘 내가 너를 불쌍히 여김과 같이 너도 네 동료를 불쌍히 여김이 마땅하지 아니하냐 하고 주인이 노하여 그 빚을 다 갚도록 그를 옥졸들에게 넘기니라 너희가 각각 마음으로부터 형제를 용서하지 아니하면 나의 하늘 아버지께서도 너희에게 이와 같이 하시리라(마 18:32-35).

2막이 내리고 우리는 이 이야기에 담긴 의미를 생각하게 된다. 금세 중요한 원리가 떠오른다. '은혜받은 사람이 은혜를 베푼다'는 원리가. 용서받은 사람이 용서한다. 자비를 경험한 사람이 자비를 베푼다. "하나님의 자비로 인해서 사람이 회개하게 된다"(롬 2:4, 현대인의 성경).

어떤 여성은 그리스도께 회심하기 전에 끊임없이 남편에게 잔소리를 하고, 화를 내고, 비난을 퍼붓곤 했다. 그리스도인이 되고 나서도 달라진 게 없었다. 그녀는 여전히 잔소리를 늘어놓았다. 마침내 남편이 아내에게 말했다. "당신이 거듭난 건 좋은데, 당신처럼 거듭나지는 않았으면 좋겠어."

그 부인이 애초에 거듭나기는 한 것인지 의문이 든다. 사과나무에 사과가 열리고 벼에서 쌀이 자라며, 용서받은 사람이 용서한다. 은혜는 은혜로부터 자연스럽게 흘러넘친다.

용서받고도 용서하려 들지 않는 사람은 슬픈 운명(괴롭고 쓰라린 날들로 가득한 삶)을 맞이할 수 있다. "주인이 … 그를 옥졸들에게 넘기니라"(마 18:34).

우리는 결국 우리 안에 있는 것을 선택한다. 당신이 용서를 선택하기를! 인생을 살다 보면 선택의 갈림길에 설 때가 있고, 선택에는 결과가 따른다. 왜 어떤 그리스도인들은 소풍을 나와서 불평하는가? 왜 어떤 사람들은 번영하는데 어떤 사람들은 근근이 살아가는가? 왜 어떤 사람들은 에베레스트산만 한 과제에 도전하여 성공하는데 어떤 사람들은 비틀거리며 내리막길로 치닫는가? 왜 어떤 사람들은 더없이 만족스러운 삶을 사는데 어떤 사람들은 설명할 길이 없을 만큼 불행한가?

내 인생을 두고 생각해 보니, 어떤 시기에는 자전거를 타고 언덕길을 내려갈 때처럼 모든 게 순조로웠고 어떤 시기에는 펑크 난 자전거를 타고 산을 오르는 것처럼 힘들었다. 왜일까?

영광스러운 날들은 우리가 좋은 선택을 할 때 찾아오며, 잘못된 선택은 고난을 불러온다. 이것이 여호수아가 세겜 골짜기에 이스라엘 백성을 모아놓고 한 말의 핵심이다. 여호수아서에 나오는 몇몇 주요 장소는 하나님의 권능과 백성에게 주신 하나님의 능력을 나타낸다.

- 요단강(강을 건넌 지점)
- 길갈 진영(기념비를 세운 곳, 할례를 재개한 곳)
- 여리고(여호수아가 여호와의 군대 대장을 본 곳, 성벽이 무너져 내린 곳)
- 그리고 이제, 세겜

세겜으로 향하는 것은 모세의 아이디어였다(신 27:4-8). 모세는 여호수아에게 진군을 멈추고 모든 사람을 세겜 골짜기로 집결시키라고 지시했다.

세겜은 길갈에 있는 이스라엘 진영에서 20마일(약 32킬로미터) 떨어진 곳이다.[1] 세겜으로 이동하던 이스라엘 백성들은 마치 거침없이 흐르는 거대한 강줄기 같았을 것이다. 세겜에 도착하자 여호수아는 제단 짓는 일에 착수했다.

그때에 여호수아가 이스라엘의 하나님 여호와를 위하여 에발산에 한 제단을 쌓았으니 이는 여호와의 종 모세가 이스라엘 자손에게 명령한 것과 모세의 율법책에 기록된 대로 쇠 연장으로 다듬지 아니한 새 돌로 만든 제단이라 무리가 여호와께 번제물과 화목제물을 그 위에 드렸으며 여호수아가 거기서 모세가 기록한 율법을 이스라엘 자손의 목전에서 그 돌에 기록하매(수 8:30-32).

고대 근동에서는 왕들이 석회를 바른 커다란 돌에 정복한 곳을 기록함으로써 그들의 군사적 업적을 기리는 관습이 있었다. 그러나 여호수아는 자신의 업적을 기리지 않았다. 그는 하나님의 율법을 기렸다. 이스라엘의 승리 비결은 군사력에 있지 않고 하나님의 명령을 따르려 하는 사람들의 결심에 있었다. 그다음에 가장 근사한 대목이 나온다.

온 이스라엘과 그 장로들과 관리들과 재판장들과 본토인뿐 아니라 이방인까지 여호와의 언약궤를 멘 레위 사람 제사장들 앞에서 궤의 좌우에 서되 절반은 그리심산 앞에, 절반은 에발산 앞에 섰으니 이는 전에 여호와의 종 모세가 이스라엘 백성에게 축복하라고 명령한 대로 함이라 그 후에 여호수아가 율법책에 기록된 모든 것대로 축복과 저주하는 율법의 모든 말씀을 낭독하였으니 (수 8:33-34).

세겜 골짜기는 에발산과 그리심산 사이에 있고, 골짜기 전역에는 동산과 과수원, 올리브 숲이 울창하다. 산 사면의 석회암 단층이 중간중간 툭 튀어나온 게 "마치 일렬로 늘어서 있는 벤치 같다."[2] 바위로 둘러싸인 지형은 원형 극장과 같은 효과를 내어 골짜기의 한쪽에서 나는 소리가 다른 쪽까지 들린다.

히브리인들은 한쪽에 여섯 지파가 서고 다른 쪽에 여섯 지파가 섰으며, 가운데에는 언약궤를 맨 레위인과 지도자들이 섰다. 여호수아와 레위인이 축복을 낭독할 때 그리심산 앞에 선 사람들이 "아멘!" 하고 외쳤으며, 지도자들이 저주를 낭독할 때 에발산 앞에 선 사람들이 "아멘!" 하고 외쳤다.[3] 이 순간의 드라마가 상상이 되는가?

"너희가 하나님의 음성을 듣고 순종하면 그가… "
"너희의 적을 패하게 하시리라."
"아멘!"
"너희의 창고에 복을 내리시리라."
"아멘!"
"너희에게 좋은 것을 쏟아부어 주시리라."
"아멘!"
"하늘 문을 여셔서 너희 땅에 때를 따라 비를 내리시리라."
"아멘!"(신 28:1-13)

저주를 선포할 때도 같은 패턴이 반복되었다.

"우상을 만드는 자는 저주를 받으리라."

"아멘!"

"부모를 멸시하는 자는 저주를 받으리라."

"아멘!"

"죄 없는 사람을 죽이려고 뇌물을 받는 자는 저주를 받으리라."

"아멘!"(신명기 27장)

주거니 받거니 하며 이어지는 소리가 절벽 사이로 메아리쳤다. 어린아이와 거류민과 노인을 포함한 모든 사람이 그들이 소중히 여기는 가치를 선포했다. "모세가 명령한 것은 여호수아가 이스라엘 온 회중과 여자들과 아이와 그들 중에 동행하는 거류민들 앞에서 낭독하지 아니한 말이 하나도 없었더라"(수 8:35).

이 집회가 언제 어디서 이루어졌는지를 염두에 두라. 이 일이 언제 이루어졌는가? 가나안을 정복하는 와중에 이루어졌다. 어디서 이루어졌는가? 적의 영토 한복판에서 이루어졌다. 광야에서 단련된 이 사람들은 영적인 전쟁을 위해 물리적인 전쟁에 정지 버튼을 눌렀다.

하나님 말씀에 주의를 기울이는 것이 하나님의 전쟁을 수행하는 것보다 중요하다. 아니, 실은 하나님 말씀에 주의를 기울이는 것이 곧 하나님의 전쟁을 수행하는 것이다. 하나님의 언약을 귀히 여길 때 정복이 가능하다.

약속의 땅에서 살고 싶은가? 영광스러운 날들로 가득한 삶을 살고 싶은가? 가나안을 온전히 경험하고 싶은가? 하나님 말씀에 순종하라. 가나안에서의 삶은 어떤 것일까? 당신은 보다 신비롭고 이국적이고 매혹적인 무언가를 기대했을까? 가나안과 같은 삶은 황홀한 음성이나 천사의 환영, 정상에 선 순간이나 한밤중에 하늘에서 들려오는 메시지 같은 것에서 비롯된다고 생각했을까?

그렇다면 실망시켜 미안하다. C. S. 루이스는 "순종이 모든 문의 열쇠"라고 말했다.[4] 잘못된 선택을 하고도 그로 인한 결과를 피할 수 있으리라고는 생각지 말라. 순종은 당신뿐만 아니라 당신의 자손까지 대대손손 축복의 길로 인도한다. 하나님은 약속하신다. "나를 사랑하고 내 계명을 지키는 자에게는 천 대까지 은혜를 베푸느니라"(출 20:6).

하나님의 명령에 순종할 때 우리는 은혜의 문을 연다. 순종은 축복으로 인도하고 불순종은 고난으로 인도한다. 집 짓는 사람에 관한 예수님의 비유를 기억하는가? 한 사람은 값싸고 터를 닦기 쉬운 모래 위에 집을 짓고, 다른 한 사람은 비싸고 터를 닦기 어려운 반석 위에 집을 지었다. 반석 위에 집을 지으려면 더 많은 시간과 비용이 들겠지만, 비가 내려 홍수가 나고 바람이 불면 누가 축복을 누리고 누가 고난을 당할지 생각해 보라. 폭풍우를 견디지 못한다면 해안가에 지은 집은 큰 가치가 없다.

예수님 말씀에 따르면 지혜로운 사람은 "누구든지 나의 이 말을 듣고 행하는 자"다(마 7:24). 집을 지은 사람 둘 다 예수님의 가르침을 들었다. 두 사람의 차이는 알고 모르고의 차이가 아니라 순종했느냐 순종하지 않았느냐의 차이였다. 안전은 하나님의 말씀에 순종할 때 주어진다. 우리는 순종하는 만큼만 강하다. "너희는 말씀을 듣고 행하는 자가 되고 듣기만 하여 자신을 속이는 자가 되지 말라"(약 1:22).

당신이 누구인지 기억하라. 당신은 하나님의 자녀다. 당신은 우주 역사상 가장 귀한 그리스도의 보혈을 주고 사신 존재다. 당신 안에는 살아계신 하나님의 영이 거하신다. 당신은 하나님의 임재 안에서 살아갈 영원한 과제를 수행할 능력을 갖춰가는 중이다. 당신은 거룩한 소명을 위해 구별되었다. 당신은 주님의 것이다.

당신이 어디에 있는지 기억하라. 당신은 가나안에 있다. 약속의 땅에 있다. 그곳은 은혜와 소망과 자유와 진리와 사랑과 생명의 땅이다. 마귀는 당신을 어쩌지 못한다. 그는 활개 치고 다니며 당신을 유혹하지만, 당신이 거부하고 하나님께 돌아설 때 달아나고 만다(약 4:7).

유혹이 다가올 때 어떻게 말할지 지금 결정하라. 순종을 택하라. 순종할 때 당신은 깨끗한 양심의 복, 하나님과의 교제의 복, 하나님이 주시는 은혜의 복, 숙면의 복까지 많은 축복을 기대할 수 있다. 순종은 편안한 삶을 보장하지는 못하지만 하나님의 도우심은 보장할 수 있다. "의로운 사람은 고난이 많으나 여호와께서 그 모든 고난에서 그를 건지신다"(시 34:19, 현대인의 성경).

세겜 골짜기를 떠나기에 앞서 마지막으로 생각해 보아야 할 것이 하나 있다. 제단의 위치에 주목하라. 쇠 연장으로 다듬지 않은 새 돌로 만든 제단, 그 제단은 어디에 세워졌는가? 그것은 축복의 산인 그리심에 세워지지 않았다. 여호수아는 그것을 저주의 산인 에발산에 세웠다. 비록 잘못된 선택을 했을지라도 우리는 하나님의 은혜에 의지할 수 있다.

우리 모두 옳은 선택을 하기를. 그리하여 복에 복을 누리기를. 하지만 그렇게 하지 못할 경우, 에발산의 제단으로 돌아가기를! 그것은 우리 같은 사람들을 위해 세워졌으니.

말씀과 삶을 잇는 묵상 질문

1. 갈릴리 바다의 위치와 크기의 독특한 점은 무엇인가? 마태복음 14장 24-32절을 읽으면서 여기에 대해 생각해 보라.
   - 제자들은 어떤 종류의 폭풍을 경험했는가?

   - 당신의 인생을 뒤흔든 폭풍은 무엇인가?

   - 갈릴리 바다 위에 나타나신 예수님은 제자들에게 어떤 말씀을 하셨는가?

   - 예수님은 언제 당신의 폭풍 속에 나타나셨으며, 그리스도의 임재가 당신과 주위에 어떤 영향을 미쳤는가?

2. 베드로는 언제 물속으로 가라앉기 시작했는가?
   - 당신은 인생의 폭풍을 겪을 때 어디에 초점을 맞추는가?

   - 그 대신 예수님께 초점을 맞춘다면 어떤 변화가 있을까?

3. 예수님과 제자들이 갈릴리 바다 북쪽 해안가에 자리한 무역의 중심지, 가버나움에 있을 때 예수님은 용서에 관한 비유를 말씀하셨다(마태복음 18장 21-35절에서 그 전문을 읽을 수 있다).
   - 비유를 말씀하신 곳(상인과 사업가가 많은 무역의 중심지)을 고려할 때 청중은 이 이야기를 어떻게 연결시켰으리라고 생각하는가?

- 주인에게 빚을 탕감받은 사람은 어떻게 반응했는가?

- 당신은 하나님의 용서에 대해 어떻게 느끼는가? 하나님이 당신을 용서하셨다고 믿는가? 그 이유는 무엇인가?

- 이 같은 믿음이 나 자신과 다른 사람을 용서하거나 용서하려고 애쓰는 데 어떤 영향을 미치는가?

4. 여호수아는 전쟁 중에 이스라엘 백성을 세겜 골짜기에 집결시켜 "율법책에 기록된 모든 것대로 축복과 저주하는 율법의 모든 말씀을 낭독"하였다(수 8:34).
   - 세겜 골짜기는 모두가 모여 말씀을 낭독하는 데 어떻게 적합한가?

   - 하나님 말씀은 오늘 내 삶에 어떤 역할을 하는가?

   - 하나님 말씀에 순종하는 것은 전쟁이나 폭풍과 같은 문제에 맞닥뜨릴 때 어떻게 도움이 되는가?

   - 여호수아가 한 것처럼 돌에 좋아하는 성경 구절을 새기는 건 어떤가? 그것을 날마다 볼 수 있는 곳에 두라.

   - 당신이 성경 구절을 새긴 돌에 대해 생각해 보라. 왜 그 성경 구절을 택했고, 그것은 주님과 동행하는 데 어떤 의미가 있으며, 믿음을 어떻게 북돋워 주는가?

6장

가르치시고, 가르치시고,
가르치시다

세상은 암울해 보일 수 있다. 도심의 거리는 분노와 증오로 들 끓는다. 죄 없는 사람들이 희생당하고, 이전의 순수함은 자취를 감췄다. 노숙자와 실직자, 팬데믹과 공포, 그다음엔 또 무엇이 올지 몰라 곤혹스러운 피로 사회.

내 손자들의 시대가 되면 어떤 세상이 기다리고 있을지 모르겠다. 지금 이 아이들의 지대한 관심사는 여름밤에 반딧불이를 잡거나 형제들과 나누는 법을 배우는 것이다. 그들이 살아가는 세상이 늘 그렇게 순수하기를! 하지만 그럴 것 같지 않다. 가는 길마다 어두운 숲이 앞을 가로막고, 모퉁이마다 낭떠러지가 기다릴 것이다. 모든 사람에게는 그들 몫의 두려움이 있다. 내 손자들도 예외는 아닐 것이다.

당신의 자녀와 손자녀도 마찬가지다. 비록 외딴섬이나 수도원에서의 생활이 좋아 보일지라도, 두려운 미래를 마주하는 해법은 아니다. 그렇다면 어떤 해법이 있을까? 이 폭주하는 기차의 속력을 줄일 누군가가 있는가? 기관사가 위험 구간을 무사히 통과했는가?

나는 신약 성경의 첫 장에서 답을 찾았다. 마태가 복음서를 쓸 때 족보로 시작한 것이 늘 이상하게 여겨지곤 했다. 그런 글은 확실히 좋은 기사는 아니다. 누가 누구를 낳았는지에 관한 기다란 목록은 대부분의 편집자에게 거절될 것이다.

그러나 마태는 기자가 아니었고, 성령님은 우리의 주의를 끌 생각이 없으셨다. 마태는 하나님이 아브라함의 가계에서 메시아가 나올 것이라고 약속하셨고(창 12:3), 그 약속을 지키셨다는 말을 하고 싶었던 것이다. "미래에 대한 확신이 없는가? 그렇다면 과거를 돌아보라" 하고 마태는 말한다. 그리고 예수님의 족보라는 최고급 서랍장을 열어 지저분한 빨랫감을 꺼내 보인다. 그는 목숨을 구하려고 피노키오처럼 거짓말을 한 이스라엘의 조상 아브라함으로 시작한다(창 12:10-20).

아브라함의 손자 야곱은 사기꾼 기질이 다분했다. 그는 형을 속이고, 아버지에게 거짓말을 하고, 사기를 당하고, 외삼촌에게 사기를 쳤다(창 27, 30장). 야곱의 아들 유다는 테스토스테론이 넘친 탓에 며느리를 매춘부로 오인하고 관계를 맺었다. 그녀의 정체를 알고 난 후에는 매춘을 한 죄로 불에 태워 죽이겠다고 협박했다(창 38장). 솔로몬의 어머니인 밧세바는 의문의 장소에서 목욕을 했고, 솔로몬의 아버지인 다윗은 그녀가 목욕하는 모습을 지켜보았다(삼하 11:2-3). 라합은 기생이었고(수 2:1), 룻은 이방인이었다(룻 1:4).

므낫세는 아들을 불 가운데로 지나가게 했음에도 목록에 이름이 올랐고(왕하 21:6), 그의 아들 아몬은 하나님을 저버렸음에도 역시 목록에 이름이 올랐다(왕하 21:22). 왕들의 절반은 협잡꾼이고 절반은 착취자였던 듯하고, 예외적인 몇몇을 제외한 거의 모든 왕이 우상을 섬겼다.

예수님의 그리 위대하지 않은 조상들의 목록은 이런 식으로 계속 이어진다. 그들을 하나로 이어 주는 유일한 요소는 약속인 듯하다. 하나님이 그들을 사용하여 자기 아들을 세상에 보내시겠다는 그 약속.

하나님은 왜 이들을 사용하셨을까? 하나님은 그러실 필요가 없으셨다. 그냥 구세주를 문 앞에 놓아두실 수도 있었다. 그편이 훨씬 더 간단했을 것이다. 하나님은 왜 그들의 이야기를 하시는 걸까? 왜 자기 백성의 온갖 실수와 과오를 보여 주시는 걸까?

간단하다. 하나님은 당신과 내가 간밤의 뉴스에서 본 것들을 알고 계셨다. 하나님은 당신이 초조해하는 것을 아셨다. 당신이 염려하는 것을 아셨다. 그리고 세상이 아무리 혼란스러워도 하나님은 늘 평온하시다는 것을 우리가 알기 원하신다.

증거가 필요한가? 목록의 마지막 이름을 읽어 보라. 백성들의 그 모든 악행과 부도덕한 행실에도 불구하고 목록의 마지막에는 하나님이 약속하신 메시아의 이름, '예수'가 나온다.

"야곱은 마리아의 남편 요셉을 낳았으니 마리아에게서 그리스도라 칭하는 예수가 나시니라"(마 1:16). 이것이 끝이다. 더 이상의 이름은 나오지 않는다. 더 이상 필요치 않다. 마치 하나님이 그분을 믿지 못하는 세상을 향해 "보았느냐? 내가 말한 대로가 아니냐? 계획은 성공적이었다" 하고 말씀하시는 듯하다.

기근은 하나님의 계획을 막지 못했다.

400년에 걸친 애굽 종살이도 하나님의 계획을 막지 못했다.

광야에서의 유랑도 하나님의 계획을 막지 못했다.

바벨론 포로 생활도 하나님의 계획을 막지 못했다.

험난한 귀향길도 하나님의 계획을 막지 못했다.

하나님은 42대에 걸친 투박한 돌을 꿰어 왕에게 어울리는 목걸이를 만드셨다. 약속하신 그대로. 그리고 그 약속은 지금도 변함이 없다. 요셉의 아들은 말한다.

그러나 끝까지 견디는 자는 구원을 얻으리라(마 24:13).

세상에서는 너희가 환난을 당하나 담대하라 내가 세상을 이기었노라(요 16:33).

하나님은 약속을 지키신다.

보라, 아기 예수님이 누워 계시는 구유 안을.
보라, 예수님이 계시지 않은 텅 빈 무덤을.

하나님의 때는 언제나 옳다

하나님께 순종할 때, 우리는 순종에는 늘 평안이 따르리라 믿는다. 젊은 선교사들을 생각할 때면 늘 예수님의 제자들이 떠오른다. 제자들은 예수님의 말씀에 순종했다. 예수님이 그들에게 배에 타라고 하셨고, 그들은 그렇게 했다. 그들은 이의를 제기하지 않았다. 그냥 말씀에 순종했다. 그들은 반대했을 수도 있다. 어쨌거나 그때는 저녁이었고, 금세 캄캄해질 터였으므로.

순종의 결과는 무엇이었는가? 요한의 말을 들어 보자. "저물매 제자들이 바다에 내려가서 배를 타고 바다를 건너 가버나움으로 가는데 이미 어두웠고 예수는 아직 그들에게 오시지 아니하셨더니 큰 바람이 불어 파도가 일어나더라"(요 6:16-18).

예수님이 아직 안 오셨다니, 이 얼마나 무서운 말인가! 제자들은 예수님이 말씀하신 대로 했는데 그 결과 어떻게 되었는가? 예수님은 해안가의 어딘가에 계시고, 그들은 풍랑이 이는 바다에서 밤을 맞았다.

잘못된 행동을 해서 고통을 받는 것과 옳은 일을 하고도 고통을 받는 것은 완전히 다르다. 하지만 살다 보면 옳은 일을 하고도 고통받는 일이 일어난다. 세차게 몰아치는 폭풍우는 내가 올바르게 행동하면 고통받는 일이 없을 것이라는 순진한 생각을 씻어낸다.

바람이 분다.

배가 요동친다.

제자들은 의아해한다. '이게 웬 폭풍우지? 예수님은 어디 계시는 거야?' 폭풍우 속에 있는 것만도 끔찍한데 홀로 폭풍우를 견뎌야 한다면 어떨까? 제자들은 약 아홉 시간을 바다에 있었다.[1] 요한은 그들이 3-4마일을 노 저어 갔다고 말한다(요 6:19).

긴긴밤이었다. 그들은 어둠 속에서 얼마나 예수님을 찾았을까? 얼마나 예수님의 이름을 불렀을까? 예수님은 왜 그렇게 오래 걸리시는가? 마가는 폭풍우가 치는 동안 예수님이 "제자들이 힘겹게 노 젓는 것을" 보셨다고 말한다(막 6:48). 그 밤에 예수님은 제자들을 보셨다. 폭풍우 속에서 예수님은 그들을 보셨다.

그리고 사랑 많은 아버지처럼 기다리셨다. 적당한 때가 올 때까지, 적당한 순간이 올 때까지 기다리셨다. 그때가 오자 비로소 제자들 앞에 나타나셨다.

그렇다면 적당한 순간이 언제인가? 나는 모른다. 왜 사경(새벽 3시-새벽 6시)이 일경이나 이경보다 나은가? 나는 대답할 수 없다. 하나님은 왜 잔고가 다 바닥날 때까지 기다리시는가? 왜 병이 깊어질 때까지 기다리시는가? 왜 병 낫기를 간구하는 사람의 숨이 넘어갈 때까지 기다리시는가?

나는 모른다. 내가 아는 것이라곤 하나님의 때는 언제나 옳다는 것뿐이다. 나는 그저 하나님이 가장 좋은 것을 행하신다고 말할 수 있을 따름이다.

> 하나님께서 밤낮 부르짖는 하나님의 선택된 백성들의 간청을 듣지 않으시고 오랫동안 미루시겠느냐?(눅 18:7, 쉬운 성경)

당신이 듣지 못할지라도 하나님은 말씀하신다. 당신이 보지 못할지라도 하나님은 행동하신다. 하나님께 우연한 일은 없다. 모든 사건은 우리를 하나님께 더 가까이 인도하기 위해 의도된 것이다. 예를 들어 보자. 애굽에서 이스라엘까지 곧장 가는 길은 도보로 11일밖에 안 걸린다.[2] 그러나 하나님은 이스라엘 백성을 40년이 걸리는 길로 인도하셨다. 왜 그러셨을까? 다음의 설명을 주의 깊게 읽어 보라.

> 네 하나님 여호와께서 이 사십 년 동안에 네게 광야 길을 걷게 하신 것을 기억하라 이는 너를 낮추시며 너를 시험하사 네 마음이

어떠한지 그 명령을 지키는지 지키지 않는지 알려 하심이라 너를 낮추시며 너를 주리게 하시며 또 너도 알지 못하며 네 조상들도 알지 못하던 만나를 네게 먹이신 것은 사람이 떡으로만 사는 것이 아니요 여호와의 입에서 나오는 모든 말씀으로 사는 줄을 네가 알게 하려 하심이니라 이 사십 년 동안에 네 의복이 해어지지 아니하였고 네 발이 부르트지 아니하였느니라 너는 사람이 그 아들을 징계함 같이 네 하나님 여호와께서 너를 징계하시는 줄 마음에 생각하고(신 8:2-5).

하나님이 광야에서 행하신 일을 보라. 하나님은 이스라엘 민족의 자부심을 앗아가셨다. 그들의 마음을 시험하셨다. 그들의 필요를 하나님이 채우시리라는 것을 입증하셨다. 하나님은 그분의 자녀가 약속의 땅에 도착하기를 원하셨는가? 물론이다. 하지만 하나님은 그들이 빨리 도착하기보다는 준비된 상태로 도착하기를 더 바라셨다.

우리가 고통을 견디는 동안 하나님은 무엇을 하시는가? 우리가 폭풍우 속에 있는 동안 하나님은 무엇을 하시는가? 하나님은 우리를 위해 기도하신다. 예수님은 기도하려고 산에 가셨기에 제자들과 함께 배에 타지 않으셨다(막 6:46). 예수님은 기도하셨다. 이것은 주목할 만한 일이다. 제자들이 힘겹게 노를 젓는 동안에도 예수님은 기도를 멈추지 않으셨다. 제자들이 소리 지르는 것을 들으시면서도 예수님은 계속해서 기도하셨다.

왜 그렇게 하셨을까? 두 가지 답이 있을 수 있다. 예수님은 제자들에게 마음을 쓰지 않으셨거나 아니면 기도의 힘을 믿으신 것이다. 당신은 무엇이 올바른 답인지 알 것이다.

예수님은 지금도 변함이 없으시며, 여전히 제자들을 위해 기도하신다. "예수는 영원히 계시므로 그 제사장 직분도 갈리지 아니하느니라 그러므로 자기를 힘입어 하나님께 나아가는 자들을 온전히 구원하실 수 있으니 이는 그가 항상 살아 계셔서 그들을 위하여 간구하심이라"(히 7:24-25).

그래서 우리는 어떻게 되는가? 예수님은 기도하고 계시고 우리는 폭풍우 속에 있을 때, 어떻게 해야 하는가? 간단하다. 제자들처럼 하면 된다. 노를 젓는 것이다. 제자들은 줄곧 노를 저었다. 마가는 그들이 힘겹게 노를 저었다고 말한다(막 6:48). 다른 번역본에는 "노를 젓느라고 애썼다"고(현대인의 성경) 기록했다. 어쨌든 그것은 쉬운 일이 아니다. 즐거운 일이 아니다.

우리 삶의 대부분은 노를 젓는 일에 사용된다. 침대에서 빠져나오고, 점심 식사를 준비하고, 과제를 제출하고, 기저귀를 갈고, 청구서를 지불한다. 이것이 우리의 일상이다. 우리는 여유롭게 즐기기보다는 수고롭게 일한다. 쉼을 누리기보다는 문제와 씨름한다.

하지만 그렇더라도 포기하지 말라. 노를 내려놓지 말라! 하나님은 당신을 잊기에는 너무나 지혜로우시고 당신을 다치게 하기에는 너무나 사랑이 많으시다. 하나님이 보이지 않으실 때도 하나님을 신뢰하라. 하나님은 기도하고 계신다.

때로는 고난과 시련에 보복하고 싶을 때가 있다. 그러나 예수님은 그보다 더 좋은 생각을 가지고 계신다. 요한복음 13장에는 예수님이 돌아가시기 전날 밤의 일이 기록되어 있다. 예수님과 제자들은 유월절을 보내기 위해 다락방에 모였다. 요한은 엄숙하게 시작한다. "저녁 먹는 중 예수는 아버지께서 모든 것을 자기 손에 맡기신 것과 또 자기가 하나님께로부터 오셨다가 하나님께로 돌아가실 것을 아시고"(요 13:3).

예수님은 자신이 누구이시고 왜 이 땅에 오셨는지 알고 계셨다. 예수님은 누구신가? 하나님의 아들이시다. 왜 이 땅에 오셨는가? 아버지를 섬기기 위해 오셨다. 예수님은 그가 누구이고 어떤 권위를 지녔는지 알고 계셨기에 "저녁 잡수시던 자리에서 일어나 겉옷을 벗고 수건을 가져다가 허리에 두르시고 이에 대야에 물을 떠서 제자들의 발을 씻으시고 그 두르신 수건으로 닦기를 시작"하셨다 (요 13:4-5).

예수님(CEO이자 수석 코치이자 만왕의 왕이자 바다의 통치자이신)은 제자들의 발을 씻어 주셨다. 발을 씻어 주는 것은 본래 하인들이 하는 일이다. 주인이 일을 마치고 자갈이 깔린 길을 걸어 집에 돌아오면 가장 서열이 낮은 하인이 수건과 물을 준비하여 문간에서 주인을 맞이하곤 했다.

그러나 그 다락방에는 하인이 없었다.

예수님은 제자 중 누구 하나 빠뜨리지 않으셨다. 비록 빌립을 그냥 지나치셨어도 우리는 예수님을 비난하지 않았을 테지만 말이다. 예수님이 제자들에게 오천 명을 먹이라고 하셨을 때 빌립은 사실상 "그건 불가능합니다!" 하고 말한 셈이었다(요 6:7). 그런데 예수님은 그분의 명령에 이의를 제기한 사람에게 어떻게 하시는가? 그의 발을 씻어 주신다.

야고보와 요한은 주님의 나라에서 높은 자리를 달라고 로비하였다. 그런데 예수님은 그분의 나라를 자신의 성공을 위해 사용하려는 사람들에게 어떻게 하시는가? 대야를 내미신다.

베드로는 폭풍우 속에서 그리스도를 신뢰하기를 그쳤다. 그는 그리스도께 십자가의 길로 향하지 마시기를 설득하려 했다. 몇 시간 뒤에는 예수님의 이름을 저주하고 달아나 숨을 터였다. 사실 모든 제자가 예수님을 홀로 남겨두고 달아날 터였다. 당신은 약속을 어기는 사람들에게 하나님이 어떻게 하시는지 궁금해한 적이 있는가? 하나님은 그들의 발을 씻어 주신다.

대부분의 사람은 그렇게 하지 않는다. 대부분의 사람이 속에서 화가 끓어오를 것이다. 그러나 당신은 '대부분의 사람'이 아니다. 은혜가 당신에게 임했다. 당신의 발을 보라. 발이 젖어 있다. 은혜에 푹 잠겨 있다. 발가락과 발바닥과 발뒤꿈치에 시원한 은혜의 물이 닿는다. 예수님은 당신 인생의 가장 어두운 부분을 씻어내신다. 예수님은 당신을 지나쳐 다른 사람에게 대야를 가져가지 않으신다. 그러니 당신이 받은 은혜를 다른 사람과 나누지 않겠는가?

> 내가 주와 또는 선생이 되어 너희 발을 씻었으니 너희도 서로 발을 씻어 주는 것이 옳으니라 내가 너희에게 행한 것 같이 너희도 행하게 하려 하여 본을 보였노라(요 13:14-15).

은혜를 받는 것은 은혜를 베풀겠다고 서약하는 것이다. 마음속에 응어리진 불만은 삶에서 기쁨을 앗아간다. 앙갚음은 당신의 하늘을 파랗게 물들이지 못하고 당신의 발걸음을 가볍게 하지도 못한다. 앙갚음은 씁쓸한 뒷맛만을 남길 뿐이다. 그러니 당신이 받은 은혜를 다른 사람들에게도 베풀라.

그렇게 할 때 당신은 잘못한 사람의 행동을 용인하는 게 아니다. 예수님은 용서하심으로 죄를 용인하신 게 아니었다. 은혜는 맹목적이지 않다. 은혜는 상처를 잘 알지만, 그럴수록 하나님의 용서를 바라본다. 은혜는 상처가 마음에 독을 퍼뜨리게 두지 않는다. "너희는 하나님의 은혜에 이르지 못하는 자가 없도록 하고 또 쓴 뿌리가 나서 괴롭게 하여 많은 사람이 이로 말미암아 더럽게 되지 않게 하며"(히 12:15). 은혜가 부족한 곳에 쓴 뿌리가 무성하고, 은혜가 넘치는 곳에 용서가 자란다.

순서가 중요하다. 예수님이 먼저 발을 씻어 주셨기에 우리도 발을 씻어 준다. 예수님이 먼저 본을 보이시고 우리는 예수님의 본을 따른다. 예수님은 수건을 사용하신 뒤 그것을 우리에게 건네며 말씀하신다. "이제 너희 차례다. 너희 다락방을 가로질러 가서 너희 유다들의 발을 씻어 주어라."

그러니 어서 시작하라. 당신의 발을 적시라. 신발과 양말을 벗고 대야에 발을 담그라. 한 발 또 한 발. 하나님이 당신 인생의 모든 지저분한 부분을 씻어내시게 하라. 용서는 단번에 이루어지지 않을 수도 있다. 하지만 당신은 용서할 수 있다. 하나님의 손이 당신의 발을 씻기셨으므로.

말씀과 삶을 잇는 묵상 질문

1. 예수님의 이야기는 베들레헴에서 시작하지만, 마태복음 1장에 나오는 그분의 계보는 우르의 아브라함과 예루살렘의 다윗, 여리고의 라합과 같은 조상(이 책에서 "그리 위대하지 않은 조상"이라고 표현한)과 더불어 시작되었다.

   - 당신의 가정에는 어떤 오점이 있는가? 그것은 당신이나 당신의 가족에게 어떤 영향을 미쳤는가?

   - 마태가 복음서를 이렇게 시작한 목적은 무엇일까?

   - 당신이나 당신 가정의 오점을 생각할 때 이것은 어떻게 위로를 주는가?

2. 요한복음 6장 16-21절에 나오는 이야기를 읽으라. 제자들은 예수님 말씀에 순종하여 바다를 건너 가버나움으로 가려 했지만 바다에서 폭풍우를 만났다.

   - 당신이 하나님께 순종했으나 폭풍우를 만난 때를 이야기해 보라.

   - 제자들이 폭풍우 속에서 노를 젓고 있을 때 예수님은 어디에 계셨는가?

   - 예수님은 결국 언제 제자들 앞에 나타나셨는가?

   - 이것은 당신이 폭풍 속에 있을 때 예수님이 어디 계신다고 말해 주는가?

3. 이스라엘 민족이 애굽의 종살이에서 벗어났을 때 하나님은 그들을 어느 쪽으로 인도하셨는가?

- 하나님은 왜 그들을 그쪽으로 인도하셨을까?

- 하나님이 당신을 위해 계획하신 최종 목적지까지 곧장 가지 못하고 돌아가야 했던 경험이 있는가? 그때가 언제인가?

- 이 여행에서 하나님은 당신에게 필요한 것들을 어떻게 공급하셨는가?

- 이 여행은 차후에 맞닥뜨릴 것들에 대해 당신을 어떻게 준비시켰는가?

4. 인생의 폭풍우가 잠잠해지기를 기다리거나 하나님이 약속하신 목적지에 닿기를 기다릴 때, 어떻게 하면 계속해서 '노를 저을 수' 있을까?(p.121-122)

5. 예수님은 십자가에 달리시기 전날 밤, 제자들과 함께 유월절 식사를 하셨다. 전통적으로 다락방이라고 불리던 그 식사 장소는 많은 사람이 유월절을 기념하러 오는 예루살렘에 자리한 한 집의 방이었다.
    - 다락방에서 예수님은 제자들을 위해 무엇을 하셨는가?

    - 그날 밤 당신이 예수님과 함께 그 다락방에 있었고, 예수님이 발을 씻어 주셨다면 기분이 어떨 것 같은가? 그것도 당신이 죄를 지었고 또 예수님을 배반했는데 발을 씻어 주셨다면 어떨 것 같은가?

    - 당신에게 상처를 준 사람에게 어떻게 은혜를 베풀겠는가?

7장

마음을 쓰시다

"그분이 병을 고치실 수 있을까요?"
"그분이 우리에게 마음을 쓰실까요?"
"그분이 오시려고 할까요?"

아이의 어머니가 마음속에 있는 말을 꺼낸다. 그녀의 음성과 얼굴에 두려움이 배어 있다. 그녀의 남편은 문 앞에 멈춰 서서 아내의 피로하고 겁에 질린 눈을 들여다보고, 그 어깨 너머로는 침대에 누운 병든 딸을 본다. 열이 나는 아이는 몸을 떤다. 어머니는 두려움에 떤다. 아버지는 절망적으로 어깨를 으쓱하며 대답한다.

"나도 모르겠소. 하지만 달리 할 수 있는 게 없지 않소."

집 앞에 모여 있던 군중이 그가 지나가도록 길을 터준다. 그들은 언제나 그렇게 길을 터줄 것이다. 야이로는 도시의 지도자이기에. 그러나 오늘 사람들이 길을 터준 것은 야이로의 딸이 죽어 가고 있기 때문이다. "하나님의 돌보심이 있으시기를요, 야이로." 누군가가 위로의 말을 건넨다. 하지만 야이로는 걸음을 멈추지 않는다. 아내가 한 말만 귓전에 맴돈다.

"그분이 병을 고치실 수 있을까요?"

"그분이 우리에게 마음을 쓰실까요?"

"그분이 오시려고 할까요?"

야이로는 잰걸음으로 가버나움이라고 하는 어촌마을을 가로지른다. 사람들을 한 명씩 지나칠 때마다 그의 뒤를 따르는 무리가 불어난다. 그들은 야이로가 어디로 가는지 안다. 그가 누구를 만나러 가는지 안다. 야이로는 예수님을 만나러 가는 중이다. 해안가가 가까워지자 무리에게 둘러싸이신 예수님의 모습이 보인다.

한 사람이 몇 발짝 앞서 가면서 회당장이 왔음을 알리며 무리가 비켜나도록 한다. 마을 사람들이 길을 터주는 모습이 마치 홍해가 갈라지는 듯하다.

야이로는 곧장 앞으로 나아가 "예수님의 발 아래 엎드려 '제 어린 딸이 죽어갑니다. 제발 오셔서 손을 얹어 살려 주십시오' 하고 간청하였다. 예수님이 그를 따라가시자 많은 사람들이 뒤따라가며 서로 밀쳤다"(막 5:23-24, 현대인의 성경).

예수님이 기꺼이 따라 나서시자 야이로의 눈에 눈물이 고인다. 오랜만에 아이 아버지의 영혼에 한 줄기 햇살이 비친다. 그는 거의 뛰다시피 하며 예수님을 자기 집 쪽으로 난 길로 인도한다. 야이로는 이제 곧 기적이 일어나리라고 믿는다.

예수님은 우리를 도우실 수 있다.

예수님은 우리에게 마음을 쓰신다.

예수님은 우리 집에 오실 것이다.

사람들은 방해가 되지 않도록 뒤에서 따라온다. 하인들이 미리 가서 야이로의 아내에게 알린다. 하지만 그때 갑자기 예수님이 멈춰 서신다. 야이로는 십여 걸음을 더 간 후에야 자신이 혼자임을 알아차린다.

예수님이 멈춰 서시자 사람들도 따라서 멈춰 선다. 그리고 모두 "누가 내 옷에 손을 대었느냐"(막 5:30)라는 예수님의 질문을 이해하려 애쓴다. 사람들은 서로를 향해 고개를 돌린다. 제자들은 예수님께 대답한다. 어떤 사람들은 다른 누군가가 앞으로 나설 수 있게 뒤로 물러선다.

야이로는 누가 예수님께 손을 댔는지 알지 못한다. 솔직히 누가 그랬는지 관심도 없다. 소중한 시간이 흐르고 있고, 소중한 그의 딸이 죽어가고 있다. 몇 분 전만 해도 그는 희망에 부풀어 무리의 선두에서 행진하고 있었다. 그런데 이제 바깥 대열에서 안을 들여다보며 그 허약한 믿음이 사라져가는 것을 느낀다. 야이로는 집 쪽을 바라보았다가 예수님 쪽을 바라보았다가 하며 다시금 의문에 사로잡힌다.

과연 예수님이 우리를 도우실 수 있을까?

과연 예수님이 우리에게 마음을 쓰실까?

과연 예수님이 우리 집에 오실까?

　

우리도 야이로와 같은 두려움에 사로잡힌 경험이 있기에 그의 이런 마음을 잘 안다. 야이로의 가벼나움은 우리의 병원이고, 법원이고, 적막한 고속도로다. 그의 죽어가는 딸은 우리의 끝이 보이는 결혼생활이고, 경력이고, 미래이고, 관계다.

예수님께 기적을 구하는 사람은 야이로만이 아니다. 우리도 야이로처럼 기적을 구했다. 불신앙에서 깃털 하나만큼만 더 보탠 신앙을 가지고 예수님의 발아래 엎드려 간구했다. 예수님은 희망적인 대답을 하신다. 예수님의 답은 새로운 빛을 비추신다. 구름이 흩어지고 해가 드러난다 … 잠시 동안.

기적이 일어나려 하는데 예수님이 멈춰 서신다. 병마가 돌아오고, 마음이 굳어지고, 공장이 문을 닫고, 어음이 부도나고, 비난이 재개되고… 그리고 우리는 야이로처럼 바깥에서 안을 들여다보며 마치 우리가 하나님의 '해야 할 일'의 우선순위에서 밀려난 것 같다고 느낀다. 과연 예수님이 우리를 기억하실지 의문스러워하는 자신을 발견한다. 예수님이 우리를 도우실 수 있을지, 우리 일에 마음을 쓰실지, 우리에게 오실지 의문을 품는다.

야이로는 어깨에 누군가의 손이 닿는 것을 느낀다. 그가 뒤돌아보자 창백한 얼굴에 수심이 가득한 하인이 말한다. "당신의 딸이 죽었나이다 어찌하여 선생을 더 괴롭게 하나이까"(막 5:35).

나도 몇 번인가 이 하인과 같은 임무를 수행한 적이 있다. 한 아버지에게 십대 아들의 죽음을 알려야 했고, 내 형제들에게 아버지의 죽음을 알려야 했으며, 어떤 아이들에게는 부모의 죽음을 알려야 했다.

그때마다 사람들은 침묵으로 그 소식을 맞았다. 곧이어 흐느낌이나 실신이 따라오기도 했지만 언제나 첫 번째 반응은 충격에 싸인 침묵이었다. 마치 어떤 가슴도 그 말을 받아들일 수 없고, 어떤 말로도 그 가슴을 표현할 수 없는 것처럼. 죽음 앞에서는 누구도 무슨 말을 해야 할지 알지 못한다.

예수님이 "두려워하지 말고 믿기만 하라"고(36절) 말씀하신 것은 그런 침묵 속에서였을까?

'믿기만 하라고?'

야이로는 생각했을 것이다.

'무엇을 믿으란 말인가? 어떻게 믿으라는 말인가? 누구를 믿으라는 말인가? 딸아이는 죽었다. 아내는 제정신이 아닐 것이다. 그리고 당신, 예수님. 그래요, 예수님, 당신은 너무 늦었습니다.

내가 요청할 때 오셨더라면, 내가 이끌 때 따라오셨더라면…. 왜 내 어린 딸이 죽게 내버려 두셨나요?'

야이로는 알 수 없었다. 하지만 우리는 안다. 예수님은 왜 야이로의 딸을 죽게 두셨을까? 그것은 2,000년의 세월이 흐르는 동안 고통 가운데 있는 무수한 사람들이 예수님이 하신 일을 듣게 하시기 위해서다. 야이로와 같은 상황에서 야이로와 같은 질문을 던진 모든 사람에게 예수님은 "두려워하지 말고 믿기만 하라"고 말씀하신다.

예수님이 하실 수 있음을 믿으라. 그분이 도우실 수 있음을 믿으라. 이 대목에서 이야기의 흐름이 바뀌는 것에 주목하라. 이제까지 예수님은 야이로가 이끄는 대로 따르셨다. 그러나 이제부터는 예수님이 상황을 주도하신다. 예수님은 그의 팀을 임무 수행에 적절한 규모로 줄이신다. "베드로와 야고보와 야고보의 형제 요한 외에 아무도 따라옴을 허락하지 아니하시고"(37절).

예수님은 곡을 하는 사람들에게 잠잠하라고 말씀하신다. "들어가서 그들에게 이르시되 너희가 어찌하여 떠들며 우느냐 이 아이가 죽은 것이 아니라 잔다 하시니"(39절).

사람들이 비웃자 예수님은 그들을 다 내보내셨다(40절). 영어 번역은 예수님의 행동을 다소 완곡하게 표현한다. 그러나 헬라어 번역은 보다 강한 어조의 '에크발로'를 사용한다. '내쫓다', '몰아내다'의 의미다. 성전을 청소하시고 귀신을 쫓아내시는 예수님은 소매를 걷어붙이신다. 그분은 시끌벅적한 술집에서 한 손은 셔츠 칼라에, 다른 손은 바지 벨트에 가져다 댄 채 불신앙을 퍼뜨리는 말썽꾼들을 바깥으로 몰아내시는 보안관이다.

예수님은 사람들을 내보내신 다음, 소녀에게로 향하신다. 예수님은 '2+2'를 계산하는 아인슈타인이나 '젓가락 행진곡'을 치는 베토벤, 홀 바로 앞에서 공을 치는 벤 호건(미국의 골프 선수—역주) 같은 확신을 품으신다. 예수님은 죽은 사람을 다시 살리실 수 있을까? 물론이다.

그렇지만 예수님이 우리 일에 마음을 쓰실까? 예수님은 강하면서도 온유하실까? 권능을 나타내면서도 자비로우실까? 작은 마을의 열두 살 난 소녀의 곤경이 천국의 레이더망에 잡힐까?

이 이야기의 앞부분에 그 답이 나온다. 그것은 매우 미묘해서 어쩌면 당신은 그 부분을 놓쳤을 수도 있다. "예수께서 그 하는 말을 곁에서 들으시고 회당장에게 이르시되 두려워하지 말고 믿기만 하라 하시고"(36절).

예수님은 하인의 말을 들으셨다. 누구도 소녀의 죽음에 대해 따로 말씀드릴 필요가 없었다. 비록 야이로와 떨어져 인파에 에워싸인 채 혈루증을 앓는 여인을 상대하고 계셨지만, 예수님은 야이로에게서 주의를 거두지 않으셨다. 예수님은 야이로와 하인의 대화를 들으셨고, 야이로에게 마음을 쓰셨다. 두려워 말라고 말씀하실 만큼, 그리고 그의 집에 오실 만큼 그에게 마음을 쓰셨다.

> 아이의 부모와 또 자기와 함께 한 자들을 데리시고 아이 있는 곳에 들어가사 그 아이의 손을 잡고 이르시되 달리다굼 하시니 번역하면 곧 내가 네게 말하노니 소녀야 일어나라 하심이라 소녀가 곧 일어나서 걸으니(막 5:40-42).

예수님이 길에서 한마디만 하셨어도 아이는 병이 나았을 것이다. 멀리서 한마디만 하셨어도 아이가 살아났을 것이다. 그러나 예수님은 죽은 아이를 살리는 것 이상을 하기 원하셨다. 예수님은 아이를 살리실 수 있고 또 아이에게 마음을 쓰신다는 것뿐 아니라 직접 오신다는 것을 보여 주기 원하셨다.

예수님은 야이로의 집에 오신다. 그분은 자녀들의 세계로 오신다. 예수님은 마리아의 아기로서 작은 자들에게 오시고, 목수의 아들로서 가난한 자들에게 오신다. 나사렛의 십대로서 젊은이들에게 오시고, 잘 알려지지 않은 마을의 눈에 띄지 않는 아이로서 잊힌 자들에게 오신다. 대가족의 장남으로서 분주한 자들에게 오시고, 부산스러운 제자들의 리더로서 스트레스를 경험하는 사람들에게 오시며, 머리 둘 곳이 없으신 분으로서 피로하고 지친 이들에게 오신다. 예수님은 모든 사람에게 오시며, 모든 사람에게 말씀하신다. 그리고 지금도 이렇게 격려하신다. "두려워하지 말고 믿기만 하라."

예수님이 도우실 수 있음을 믿으라. 그분이 오신다는 것을 믿고, 그분이 마음을 쓰신다는 것을 믿으라. 우리에게 이 같은 믿음이 얼마나 필요한지! 두려움은 우리의 일상에서 너무나 많은 평안을 앗아간다. 고대의 뱃사람들이 그린 항해용 지도에는 그들의 두려움이 드러난다. 아직 탐사되지 않은 거친 바다에 그들은 다음과 같은 문구를 써넣었다.

'용이 사는 곳'
'마귀가 사는 곳'
'세이렌(아름다운 노랫소리로 뱃사람들을 홀려 죽게 했다는 바다 요정 - 역주)이 사는 곳'

우리가 사는 세상을 그린 지도가 만들어진다면, 거기에도 이런 문구가 있지 않을까? 성년기라는 미지의 바다 위에 '용이 사는 곳'이라고 적혀 있고, 빈 둥지라는 바다 옆에 '마귀가 사는 곳'이라고 적혀 있고, 죽음과 영원이라고 하는 먼바다 옆에 '세이렌이 사는 곳'이라고 적혀 있지 않을까?

기억하라, 당신은 하나님이 계시지 않은 곳에 갈 수 없다는 사실을. 이사를 갈 수도 있고, 군에 입대할 수도 있고, 파견 근무를 나갈 수도 있고, 병원에 입원할 수도 있지만 하나님이 계시지 않은 곳에는 갈 수 없다. 이 진실을 가슴에 새기라. 예수님은 "내가 … 너희와 항상 함께 있으리라"고 약속하셨다(마 28:20).

두려워하지 말고 믿기만 하라.

두려움이 있다는 것이 곧 믿음이 없다는 뜻은 아니다. 두려움은 모든 사람에게 찾아온다. 심지어 예수님도 두려워하셨다(막 14:33). 하지만 두려움이 거주자가 아니라 방문자가 되게 하라. 두려움은 이미 많은 것을 앗아가지 않았는가? 미소를 앗아가고 웃음소리를 앗아가지 않았는가? 평안한 밤과 활기찬 낮을 앗아가지 않았는가? 믿음으로 두려움을 맞이하라.

우리 가족은 여름이면 늘 서부 텍사스에서 로키산맥으로 여행을 가곤 했다. 아버지는 형과 나를 데리고 화이트워터 강에서 낚시하는 것을 좋아했다. 하지만 그곳은 물살이 세서 위험하고 또 어린 두 아들이 부주의해서 물에 빠질 수도 있다는 것을 아버지는 잘 알았다.

강가에 도착하면 우리는 먼저 안전하게 강을 건널 만한 곳을 찾았다. 아버지는 단단한 돌이 일렬로 늘어선 곳을 발견할 때까지 우리를 데리고 강둑을 걸었다. 우리의 보폭이 짧아 돌을 한두 개 더 가져다 놓아야 할 때도 있었다. 아버지는 먼저 돌다리를 건너며 돌이 흔들리지는 않는지 시험해 보곤 했다. 그런 다음, 건너편에 도착해 우리에게 따라오라고 손짓했다.

이때 아버지는 이렇게 말할 수 있었으리라.

"두려워하지 말고 나만 믿으렴."

당신과 예수님 사이에 두려움의 강이 흐르는가? 강을 건너 예수님께 가라. 야이로가 예수님을 돌려보냈다면 죽음이 그의 희망을 앗아갔을 것이다. 당신이 예수님을 돌려보낸다면 기쁨이 사라지고 웃음이 자취를 감출 것이다. 내일이 오늘의 두려움의 무덤 속에 묻힐 것이다. 그런 실수를 범하지 말라. 날마다 좋은 일을 기대하라. 예수님이 도우실 수 있다는 것을 믿으라. 그가 당신에게 마음을 쓰신다는 것과 당신에게 오신다는 것을 믿으라. 두려워하지 말고 믿기만 하라.

은혜가 일하신다

2008년 4월의 어느 화창한 오후에 두 대학(오리건 주 소재의 대학과 워싱턴 주 소재의 대학)의 여자 소프트볼 팀이 캐스케이드 산맥을 배경으로 푸른 하늘 아래 경기를 펼쳤다. 100명의 관중이 지켜보는 가운데 양 팀은 중요한 경기를 치렀다. 이 경기에서 이긴 팀은 플레이오프에 진출하고 진 팀은 글러브를 내려놓고 집으로 돌아가야 했다.

웨스턴 오리건 울브즈(Western Oregon Wolves)는 몇 명의 강타자를 보유한 견실한 팀이었지만, 사라 터철스키는 그들 중 하나가 아니었다. 타율이 0.153에 불과하던 사라는 그날 우익수의 플레이가 부진했던 탓에 경기에 출전하게 되었다. 사라는 홈런을 쳐본 적이 없었다. 그러나 그 토요일에 그녀는 주자 두 명이 출루해 있는 상황에서 커브볼을 받아쳐 우측 담장 너머로 보냈다.

흥분한 사라는 1루를 밟지 않고 그대로 지나쳤다. 코치가 다시 돌아가서 1루를 터치하라고 외쳤다. 사라가 다시 돌아가려고 몸을 돌릴 때였다. 무릎 안쪽에서 무언가 파열하면서 그녀는 그대로 주저앉고 말았다. 사라는 몸을 질질 끌고 1루로 가서 아픈 무릎을 감싸 쥔 채 1루 코치에게 어떻게 해야 하느냐고 물었다.

심판은 어떻게 해야 할지 확신이 서지 않았다. 팀 동료가 사라를 도우면 그녀는 아웃이 될 터였다. 사라는 일어서는 게 불가능했다. 사라의 팀은 그녀를 도울 수 없었고, 사라의 다리는 그녀를 지탱할 수 없었다. 사라는 어떻게 홈 플레이트를 통과할 수 있을까? 심판진은 모여서 의논했다.[1]

심판진이 모여 있고 사라가 신음하는 동안 한 가지 비교를 해보기로 하자. 내 안에 있는 설교 본능 때문이겠지만, 나는 이 순간에서 한 가지 예화를 본다. 당신과 나는 사라 터철스키와 많은 공통점을 가지고 있다.

우리 역시 주저앉았다. 소프트볼에서가 아니라 인생에서. 도덕성과 정직성, 성실성에서. 우리는 최선을 다했지만 결국 넘어지고 거꾸러졌다. 최선의 노력을 기울였으나 뒤로 나가떨어지고 말았다. 사라처럼 우리도 연약해졌다. 인대가 끊어진 것은 아니지만 마음을 다쳤다. 실의에 빠졌고, 비전은 희미해졌다. 지금의 모습과 되고 싶은 모습 사이의 거리는 좀처럼 좁혀지지 않는다. 우리는 무엇을 해야 할까? 어디를 향해야 할까? 나는 가장 달콤한 약속 중 하나로 향하라고 말하고 싶다.

> 우리에게 있는 대제사장은 우리의 연약함을 동정하지 못하실 이가 아니요 모든 일에 우리와 똑같이 시험을 받으신 이로되 죄는 없으시니라 그러므로 우리는 긍휼하심을 받고 때를 따라 돕는 은혜를 얻기 위하여 은혜의 보좌 앞에 담대히 나아갈 것이니라(히 4:15-16).

우리에게는 우리의 연약함을 이해하시는 대제사장이 있다. 그분이 이해하시므로 우리는 자비와 은혜를 얻을 수 있다. 우리는 혼자 괴로워하지 않아도 된다. 우리는 넘어질 때 잊히지 않으며 비틀거릴 때 버림받지 않는다. 신학 교과서는 이 약속을 '성육신'이라는 제목하에 다룬다. 이 놀라운 개념은 하나님이 잠시 동안 우리 중 하나가 되셨다고 말한다.

> 말씀이 육신이 되어 우리 가운데 거하시매 우리가 그의 영광을 보니 아버지의 독생자의 영광이요 은혜와 진리가 충만하더라(요 1:14).

하나님이 육신이 되어 예수 그리스도의 형상을 취하셨다. 그분은 기적으로 잉태되셨으나 자연적으로 태어나셨다. 예수님이 신적인 존재로 지상에 오셨다면 우리는 그분을 존경은 했겠지만 가까이 다가가지는 못했을 것이다. 사람이 된다는 게 어떤 것인지 하나님이 어떻게 이해하실 수 있겠는가?

반면 예수님이 이 땅의 사람인 부모에게 생물학적으로 잉태되셨다면 우리는 그분께 가까이 다가가기는 해도 존경하지는 않을 것이다. 어쨌든 그는 당신이나 나와 다를 바 없는 사람이 아닌가?

그러나 예수님이 하나님이신 동시에 사람이시라면 우리에게는 두 세계의 최상의 존재가 주어진 것이다. 예수님의 인성도, 신성도 조금도 줄어들지 않았다. 예수님은 온전히 인간이시고 온전히 하나님이시다. 예수님이 인간이시기에 우리는 그분께 가까이 다가가며, 예수님이 하나님이시기에 우리는 그분을 경배한다.

골로새서 1장 15-16절은 이 같은 메시지를 담고 있다.

> 그는 보이지 아니하는 하나님의 형상이시요 모든 피조물보다 먼저 나신 이시니 만물이 그에게서 창조되되 하늘과 땅에서 보이는 것들과 보이지 않는 것들과 혹은 왕권들이나 주권들이나 통치자들이나 권세들이나 만물이 다 그를 말미암고 그를 위하여 창조되었고(골 1:15-16).

예수님은 성육신 과정에서 단 한 방울의 신성도 상실되지 않으셨다. 비록 인간의 형상을 하셨지만 예수님은 하나님이셨다. 하나님이 온전히 그리스도의 몸 안에 거하셨다. "아버지께서는 모든 충만으로 예수 안에 거하게 하시고"(골 1:19). 별을 창조하신 그분이 나사렛에서 벽장을 만드는 일을 하셨다.

예수님은 사람의 형상을 하셨지만, 예수님과 가까운 사람들은 그분이 하나님처럼 권세 있게 말씀하신다는 것을 알았다. 예수님은 종종 그분 안의 신성이 모든 것을 주도하게 하셨다. 옆에서 지켜보는 사람들은 뒤로 물러서며 "이이가 어떠한 사람이기에 바람과 바다도 순종하는가"(마 8:27) 말할 뿐이었다.

몇 년 전 나는 일주일간 이어지는 성경 수련회에서 교사로 섬긴 적이 있다. 그 수련회와 관련해서는 기억나는 것이 많다. 우선 음식이 기가 막히게 맛있었고, 바닷가 풍경은 비할 데 없이 아름다웠다. 새로운 친구도 사귀었다.

그중에서도 잊을 수 없는 것은 금요일 저녁의 농구 경기였다. 그 아이디어가 싹튼 것은 데이비드가 도착한 순간이었다. 수련회에 참석한 사람들은 데이비드가 온다는 사실을 알지 못했다. 그러나 그가 걸어 들어오는 순간, 사람들은 그가 데이비드 로빈슨이라는 것을 알아차렸다. 데이비드는 NBA 올스타에 뽑혔고, MVP를 수상했으며, 올림픽에 세 번 출전해서 두 번 금메달을 땄다. 드림팀 멤버였고, NBA 챔피언에 두 차례 올랐으며, 칼리지 올 아메리칸(College All-American)에 선정되었다. 216센티미터의 키에 놀라운 재능을 지닌 농구 선수. 그는 몸놀림이 자유자재인 데다 다년간 연마한 기술이 탁월했으며, 농구 실력은 전설적이었다.

수련회 첫날이 끝날 무렵, 누군가 내게 물었다. "데이비드 로빈슨이 우리와 농구를 하려 할까요?" 여기서 '우리'란 중년의 땅딸막하고 마음은 원이로되 몸이 따라 주지 않는 사람들을 가리킨다. 이들은 통통한 신체 조건에 기술은 형편없었으며, 농구 지능은 다람쥐에 조금 못 미치는 정도였다.

그렇지만 나는 데이비드에게 물어보았고 그는 기쁘게 그 제안을 받아들였다. 우리는 경기 일정을 수련회 마지막 날인 금요일 저녁으로 잡았다. 성경 수업에 참석하는 사람 수는 점점 줄고 농구 코트에서 시간을 보내는 사람들이 늘어갔다. 중학교 때 이후로 드리블을 해본 적이 없는 사람들이 농구 골대를 향해 공을 던지고 또 던졌다. 그러나 공이 들어가는 경우는 거의 없었다.

데이비드는 경기가 있는 날 저녁에 처음으로 농구 코트에 들어섰다. 그가 몸풀기를 할 때 우리는 동작을 멈추고 그를 지켜보았다. 테니스공이 내 손안에 쏙 들어오듯, 농구공이 그의 손안에 쏙 들어갔다. 그는 대화를 하면서 드리블도 하고, 손가락 하나로 공을 돌리기도 하고, 등 뒤로 공을 패스하기도 했다. 경기가 시작되었을 때 우리는 '데이비드와 아이들'이었다. 그가 우리를 봐준다는 것을 알 수 있었다. 우리가 두 걸음을 내디뎌야 할 때 그는 한 걸음 정도면 충분했다. 그는 공을 두 손으로 잡지 않고 한 손으로 잡았다. 그의 패스는 패스라기보다는 미사일 같았다. 그는 우리로서는 그저 꿈만 꿀 수 있는 농구를 했다.

한번은, 아마도 재미 삼아 그랬겠지만, 데이비드가 관망하는 태도를 보인 적이 있다. 마이클 조던과 찰스 바클리를 제치고 슬램덩크를 하던 그가 슬그머니 뒤로 빠진 것이다. 그러나 잠시 후 더는 자제하기가 힘들었던지 코트의 중간쯤에서 단 세 걸음에 골대 앞에 도달했다. 그가 오는 동안 상대 팀의 땅딸막한 중년 남자들은 길을 터주었고, 그는 머리와 골대가 나란해질 만큼 높이 뛰어올라 힘껏 공을 던져 넣었다. 백보드가 흔들릴 만큼 강력한 슛이었다. 우리는 침을 꿀꺽 삼켰다. 데이비드는 미소를 지었다.

그제야 우리는 알 것 같았다. 농구 경기는 이렇게 해야 하는 거였다. 우리는 같은 농구 코트에 있었지만 같은 힘을 가지고 있지는 않았다.

예수님의 제자들도 비슷한 생각을 했을 것이다. 예수님이 명하시자 귀신이 사람에게서 즉시 나왔다. 예수님이 명하시자 폭풍이 잠잠해졌다. 예수님이 명하시자 죽은 사람이 일어났고, 소녀가 일어나 앉았으며, 나사로가 무덤에서 나왔다.

"이것은 하나님께서 기꺼이 모든 것을 그리스도 안에서 충만하게 하셨기 때문"이다(골 1:19, 현대인의 성경). 예수님은 희석되지 않은 신성을 지니셨다. 예수님이 "하늘과 땅의 모든 권세를 내게 주셨으니" 하고(마 28:18) 말씀하셨을 때 아무도 이의를 제기하지 않은 것은 놀라운 일이 아니다.

당신은 달이 조수의 흐름에 영향을 미친다고 생각하는가? 맞다, 달은 조수의 흐름에 영향을 미친다. 그러나 그리스도께서 달을 운행하신다. 미국이 초강대국이라고 생각하는가? 미국은 오직 그리스도가 주시는 것만큼의 힘을 가지고 있을 뿐이다. 그리스도는 모든 것을 주관하신다. 그분은 영원히 그렇게 해오셨다.

하지만 그럼에도 불구하고 예수님은 한동안 모든 특권을 내려놓고 사람이 되셨다. 예수님은 다른 모든 아기가 태어나는 것처럼 태어나셨다. 그리고 다른 아이들이 자라는 것처럼 자라셨다. "예수는 지혜와 키가 자라가며 하나님과 사람에게 더욱 사랑스러워 가시더라"(눅 2:52). 그분은 신체가 발달하고, 근육이 단단해지고, 뼈마디가 굵어졌다. 흔히들 사춘기에 경험하는 불편을 예수님이 피해 가셨다는 증거나 암시는 없다. 예수님은 비쩍 말랐거나 못생긴 소년이었을 수 있다. 근육통을 경험하셨고, 상처에 소금을 뿌리면 쓰라리다는 것을 아셨다.

성인이 된 예수님은 우물가에 앉으실 만큼 피곤하셨고(요 4:6), 요동치는 배에서도 주무실 만큼 졸음에 취하셨다(막 4:35-38). 광야에서 굶주리셨고, 십자가에서 갈증을 느끼셨다. 군인들이 예수님을 십자가에 못 박았을 때 무수한 신경 종말이 비명을 질렀고, 십자가에 달리신 예수님의 폐는 산소 부족으로 고통받았다.

말씀이 육신이 되었다.

이 약속이 중요한가? 만약 하나님이 당신을 이해하시는지 궁금해한 적이 있다면, 중요하다. 만약 하나님이 당신의 기도를 들으시는지 궁금해한 적이 있다면, 중요하다. 만약 창조되지 않은 창조주(Uncreated Creator)가 당신이 맞닥뜨린 시련을 이해하시는지 궁금해한 적이 있다면 성육신의 약속을 깊이 묵상해 보라. 예수님은 "우리의 연약함을 동정하지 못하실 이가 아니"시다(히 4:15). 당신의 기도를 들으시는 분은 당신의 고통을 이해하신다. 그분은 물리적인 고통을 우습게 여기거나 무시하지 않으신다. 그분이 인간의 몸을 입고 사셨기에.

마음이 괴로운가? 예수님도 그러셨다(요 12:27).

죽을 만큼 고민이 되는가? 예수님도 그러셨다(마 26:38).

슬픔에 압도되었는가? 예수님도 그러셨다(요 11:35).

통곡과 눈물로 간구한 적이 있는가? 예수님도 그러셨다(히 5:7).

예수님은 당신을 이해하신다.

예수님은 인성을 지니셨기에 사람들을 만지실 수 있었고, 신성을 지니셨기에 그들을 치유하실 수 있었다. 예수님은 인성을 지니셨기에 강한 억양으로 말씀하셨고, 신성을 지니셨기에 권위를 가지고 말씀하셨다. 예수님은 인성을 지니셨기에 30년 동안 사람들의 이목을 끄는 대신 그들 틈에 섞여 사셨고, 신성을 지니셨기에 역사를 바꾸시고 2,000년 동안 사람들의 기억 속에서 잊히지 않으실 수 있었다. 예수님은 온전히 인간이셨고 또한 온전히 하나님이셨다.

나는 요단강에 들어가 본 적이 있다. 가족과 이스라엘로 여행을 갔다가 예수님이 세례 받으신 곳을 둘러보게 되었다. 그곳은 무화과나무가 그늘을 드리우고 새들이 노래하는 아름다운 곳이었다.

강이 나를 초대하는 듯했다. 나는 그 초청에 응해 물속으로 걸어 들어가 세례를 받았다.

함께 하려는 사람이 아무도 없어서 혼자 강물에 몸을 담갔다. 그리스도에 대한 믿음을 선포하고 물속 깊이 들어갔다가 바닥에서 막대를 발견하고는 그것을 건져 왔다. 세례받은 기념으로!

어떤 사람들은 세례 증명서나 성경을 받지만, 나는 이 막대기가 마음에 든다. 그것은 사람 손목만 한 굵기에 손목부터 팔꿈치까지의 길이이고, 아기 엉덩이처럼 보드랍다. 나는 그것을 두려움에 찬 사람들에게 보여 주려고 사무실 벽장에 넣어 두었다.

사람들이 재정적인 어려움에 관한 염려나 자녀들에 대한 걱정을 늘어놓으면 나는 그 막대를 건네며 말한다. 하나님이 어떻게 생로병사가 있는 이 세상에 오셔서 발에 흙을 묻히셨는지. 예수님이 어떻게 세례 요한의 만류에도 불구하고 강물로 걸어 들어가셨는지. 예수님이 어떻게 우리와 하나가 되기 위한 목적을 가지고 이 땅에 오셨는지.

나는 "예수님이 실제로 이 막대를 만지셨을 수도 있습니다"라고 말하기를 좋아한다. 그들이 미소 지으면 나는 "예수님이 그렇게 멀리서 찾아오셨으니, 우리의 두려움을 그분께 가져가는 것은 어떨까요?" 하고 말한다. 히브리서의 약속을 다시 한번 천천히 읽어 보라.

우리에게 있는 대제사장은 우리의 연약함을 동정하지 못하실 이가 아니요 모든 일에 우리와 똑같이 시험을 받으신 이로되 죄는 없으시니라 그러므로 우리는 긍휼하심을 받고 때를 따라 돕는 은혜를 얻기 위하여 은혜의 보좌 앞에 담대히 나아갈 것이니라(히 4:15-16).

어떤 사람들은 예수님은 죄가 없으시기에 우리를 완전히 이해하지 못하실 거라고 주장한다. 죄를 지으신 적이 없는데 어떻게 죄의 강력한 힘을 이해하시겠느냐는 것이다. 여기에 대한 답은 간단하다. 예수님은 우리보다 죄를 더 많이 느끼셨다. 우리는 유혹에 넘어가지만, 예수님은 그런 적이 없으시다. 우리는 유혹에 굴복하지만, 예수님은 그런 적이 없으시다.

예수님은 유혹의 쓰나미 앞에서 결코 흔들리지 않으셨다. 예수님은 죄의 유혹을 세상 그 누구보다 더 많이 이해하신다. 그리고 감사하게도 자진해서 죄의 결과를 느껴보기로 하셨다.

하나님이 죄를 알지도 못하신 이를 우리를 대신하여 죄로 삼으신 것은 우리로 하여금 그 안에서 하나님의 의가 되게 하려 하심이라(고후 5:21).

예수님은 수치를 느낄 필요가 없는 분이셨지만 수치를 느끼셨다. 굴욕을 경험하실 필요가 없는 분이셨지만 굴욕을 경험하셨다. 예수님은 죄를 지은 적이 없으시지만 죄인 취급을 받으셨다. 그분은 죄가 되셨다. 그 모든 죄와 회한과 곤혹스러움을 예수님은 이해하신다.

이 약속이 중요한가? 위선자들에게는 중요하다. 간밤의 파티에서 진탕 마시고 숙취에 시달리는 사람들에게는 중요하다. 다시 겸손한 마음으로 하나님께 나아오려 하는 사기꾼이나 남을 비방하는 사람들, 뒷담화하는 사람들, 다른 사람을 괴롭히기 좋아하는 사람들에게는 중요하다. "긍휼하심을 받고 때를 따라 돕는 은혜를 얻기 위하여 은혜의 보좌 앞에 담대히 나아갈"(히 4:16) 수 있음을 알아야 하기 때문이다.

예수님은 사람이시기에 당신을 이해하신다.

예수님은 하나님이시기에 당신을 도우실 수 있다.

예수님은 우리를 본향으로 데려가실 수 있다.

그분은 맬러리 홀트먼이 사라 터철스키를 위해 한 일을 우리를 위해 하신다. 기억하겠지만, 사라는 홈런을 치고 달리는 동안 인대가 끊어진 소프트볼 선수다. 앞서 우리는 그녀가 한 손으로는 무릎을 감싸 쥐고 다른 손으로는 1루를 터치한 채 그라운드에 누워 있는 모습을 보았다. 심판진이 모여서 의논하는 동안 선수들은 동작을 멈추고 지켜보았다. 관중들은 누군가 사라를 구장 밖으로 데리고 나가야 한다고 외쳤지만, 사라는 그러고 싶지 않았다. 그녀는 홈 플레이트를 통과하고 싶었다. 이때, 맬러리 홀트먼이 해결책을 제시했다.

맬러리는 상대 팀인 센트럴워싱턴대학의 1루수다. 4학년인 맬러리는 승리를 원했다. 이번 경기에서 지면 그것으로 시즌을 마감해야 했기에. 당신은 그런 맬러리가 홈런이 무효 처리가 되기를 기대했으리라고 생각하겠지만, 그녀는 그렇지 않았다.

그녀는 심판진에게 말했다.

"제가 사라를 도와서 베이스를 밟게 해줘도 될까요?"

"왜 그러는 거야?"

누군가가 물었다.

하지만 맬러리가 대답하기 전 심판이 어깨를 으쓱하며 말했다.

"그렇게 해요."

맬러리는 유격수에게 도와달라는 신호를 보냈고, 두 사람은 사라에게로 갔다.

"우리가 너를 안고 베이스를 돌 거야."

사라의 뺨에 눈물이 흘렀다.

"고마워."

맬러리와 그녀의 동료는 한 팔로 사라의 다리를 받치고 다른 팔로는 겨드랑이를 받쳤다. 자비의 미션이 시작되었다. 그들은 2루와 3루에서 충분히 오래 멈춰서 사라의 발이 베이스에 닿을 수 있게 했다. 그들이 홈으로 향할 때 관객은 모두 기립했고, 팀 동료들은 홈에 모여 있었으며, 사라는 귀환하는 여왕처럼 미소 짓고 있었다.[2] 사라의 미소는 당연했다. 사라를 도울 수 있는 유일한 사람이 도움을 주었고, 그녀 덕에 사라는 홈에 들어올 수 있었기 때문이다. 하나님은 당신과 나를 위해 같은 일을 하신다. 맬러리가 사라에게 한 말은 하나님이 우리에게 주시는 메시지다.

"내가 너희를 안고 본향으로 데려가리라."

하나님이 그렇게 하시지 않겠는가?

당신 스스로는 그렇게 할 수 없다. 하지만 예수님은 당신에게 없는 힘을 가지고 계신다. 대제사장이신 예수님은 필요할 때 기꺼이 당신을 돕고자 하신다. 이를 위해 이 땅에 오신 예수님이, 그 일을 하시게 하라. 그분이 당신을 본향으로 데려가시게 하라.

노래가 불리지 않는 긴 계절

당신은 정말로 구원받았는가? 많은 사람, 많은 그리스도인이 알지 못한다. 그들은 마음속 깊은 곳에서 영원에 대한 불안을 안고 산다. 그들은 구원받았다고 생각하고 또 그러기를 바라지만, 마음에 확신이 없다. 이런 불안은 죽어가는 사람들의 생각 속으로 스며든다. 우리가 하나님 앞에서 한 서약을 잊어버리면 하나님도 우리를 잊으실까? 우리를 대기자 명단에 올리실까?

우리의 행동을 보면 절로 그런 의문이 든다. 우리는 어느 날은 믿음이 굳건했다가 다음날은 약해진다. 한 시간은 열심을 내다가 다음 시간엔 시들해진다. 믿었다가 안 믿었다가 한다. 우리의 삶은 롤러코스터처럼 오르내린다.

통념은 이러한 오르내림의 중간쯤에 선을 긋고 우리의 믿음이 그보다 위에 있으면 하나님께 받아들여지고, 그보다 아래에 있으면 하나님 나라에서 해고 통보를 받을 것이라고 말한다. 이 패러다임에서는 하루에도 여러 차례 구원받았다가 잃어버린 바 되기도 하고, 정기적으로 천국에 들어갔다 나왔다 하게 된다. 구원은 타이밍의 문제가 되고, 우리는 그저 우리 믿음이 기준선 위에 있을 때 죽기를 바라는 수밖에 없다. 안전감이나 안정성, 확신이란 건 없다.

이것은 하나님의 계획이 아니다. 하나님도 선을 그으시지만, 하나님의 선은 우리의 오르내림보다 아래쪽에 있다.

예수님은 힘주어 이렇게 말씀하신다.

내가 그들에게 영생을 주노니 영원히 멸망하지 아니할 것이요 또 그들을 내 손에서 빼앗을 자가 없느니라(요 10:28).

예수님은 빼앗기지도 않고 종말이 오지도 않는 새로운 삶을 약속하셨다.

내 말을 듣고 또 나 보내신 이를 믿는 자는 영생을 얻었고 심판에 이르지 아니하나니 사망에서 생명으로 옮겼느니라(요 5:24).

우리가 건너온 다리는 불살라졌고, 우리는 사망에서 생명으로 옮김받았다. 우리의 상태는 간조와 만조가 계속되지만, 그로 인해 자격이 박탈되지는 않는다.
우리의 믿음이 좋아졌다 나빠졌다가 하지만, 그로 인해 하나님 나라에서 쫓겨나지는 않는다. 예수님의 기준선은 은혜로 우리를 떠받쳐 주신다. 게다가 하나님은 우리를 확실하게 그분의 소유로 삼아 주신다.

그분은 자기 영으로 우리에게 영원한 언약을 찍어 주셨습니다. 그분이 완성하고자 하시는 일을 확실하게 시작하신 것입니다(고후 1:22, 메시지).

당신도 비슷한 무언가를 한 적이 있다. 장신구에 이름을 새긴다거나 어떤 물건에 나의 소유임을 표시한다거나 선물받을 사람의 이니셜을 새긴다거나 하는 식으로. 농장주는 소에다 농장 마크를 찍는다. 도장을 찍는 것은 소유권을 주장하는 행위다.

하나님은 성령으로 우리에게 도장을 찍으신다. 우리를 앗아가려는 자들은 하나님 이름 앞에서 혼비백산한다. "손을 떼거라. 이 아이는 내 것이다! 영원히 나 하나님의 소유다"라는 선언에 사탄은 겁을 먹고 달아난다.

구원을 받았다가 취소되는 일은 성경에 나오지 않는다. 구원은 반복적으로 일어나는 현상이 아니다. 성경에는 구원받았다가 잃어버린 바 되었다가, 다시 구원받았다가 또다시 잃어버린 바 된 사람의 예는 나오지 않는다.

구원의 확신이 없는 곳에는 평안이 없으며, 평안이 없으면 기쁨도 없다. 그리고 기쁨이 없으면 두려움에 기초한 삶을 살게 된다. 이런 게 하나님이 창조하신 삶일까? 결코 아니다. 은혜는 다음과 같이 선포하는 확신에 찬 영혼을 창조한다.

내가 믿는 자를 내가 알고 또한 내가 의탁한 것을 그날까지 그가 능히 지키실 줄을 확신함이라(딤후 1:12).

우리는 인생의 많은 것을 알지 못하지만, 우리가 천국행 티켓을 쥐고 있다는 것은 안다.

내가 하나님의 아들의 이름을 믿는 너희에게 이것을 쓰는 것은 너희로 하여금 너희에게 영생이 있음을 알게 하려 함이라(요일 5:13).

당신이 하나님을 붙잡고 있는 것 이상으로 하나님이 당신을 붙잡고 계심을 믿으라. 하나님의 신실하심은 당신의 신실함에 달려 있지 않다. 하나님의 행동은 당신의 행동에 따라 달라지지 않으시며, 하나님의 사랑은 당신의 사랑을 전제로 하지 않으신다. 당신의 촛불은 비록 깜빡거릴망정 꺼지지는 않을 것이다.

이 같은 약속이 믿기 어려운가? 제자들은 이 약속이 믿기 어려웠다. 예수님은 돌아가시기 전날 밤에 이렇게 말씀하셨다.

오늘 밤에 너희가 다 나를 버리리라 기록된 바 내가 목자를 치리니 양의 떼가 흩어지리라 하였느니라 그러나 내가 살아난 후에 너희보다 먼저 갈릴리로 가리라(마 26:31-32).

이때쯤 제자들은 예수님을 3년간 알고 지냈다. 그들은 예수님과 1000일 밤을 같이 보냈으며, 예수님의 걸음걸이와 억양과 유머 감각을 알았다. 예수님의 입 냄새를 맡았고, 예수님이 코를 고시는 소리를 들었으며, 예수님이 식후에 입가를 닦으시는 모습을 보았다. 그들은 우리가 아는 기적과 우리가 알지 못하는 무수히 많은 기적을 목격했다. 떡이 몇 배로 불어나고 나병 환자들이 깨끗이 낫는 것을 보았다. 물이 포도주로 변하고 도시락이 뷔페로 변하는 것을 보았다. 죽은 나사로가 살아나고 소경의 눈에서 진흙이 떨어지는 것을 보았다. 3년 동안 그들은 천국의 드라마를 1열 중앙에서 관람했다. 그리고 어떻게 반응했는가?

예수님은 그들에게 "너희가 다 나를 버리리라"고 말씀하셨다. 그들은 예수님에게서 떨어져 나갔다. 그분께 등을 돌렸다. 달아났다. 그들의 약속은 한여름 인도에 떨어진 촛농처럼 녹아내렸다. 그러나 예수님의 약속은 굳건하다.

"내가 살아난 후에 너희보다 먼저 갈릴리로 가리라"(32절). 번역하면 이런 뜻이다. '너희의 잘못은 크지만, 나의 은혜는 더 크다. 너희가 넘어지면 내가 붙잡아 줄 것이고, 너희가 흩어지면 내가 다시 불러 모을 것이다. 너희가 내게 등을 돌리면 내가 너희에게로 향할 것이다. 너희는 갈릴리에서 너희를 기다리고 있는 나를 발견하리라.' 베드로는 "모두 주를 버릴지라도 나는 결코 버리지 않겠나이다"(33절) 하고 말했지만, 그 약속은 지켜지지 않았다. 베드로의 가장 훌륭한 면모가 드러난 순간은 아니다. "모두 주를 버릴지라도." 오만하다. "나는 결코 버리지 않겠나이다." 자기 만족적이다. 베드로는 자신의 힘을 믿었다. 하지만 그 힘은 곧 사라질 터였다. 예수님은 그것을 아셨다. "시몬아, 시몬아, 보라 사탄이 너희를 밀 까부르듯 하려고 요구하였으나 그러나 내가 너를 위하여 네 믿음이 떨어지지 않기를 기도하였노니 너는 돌이킨 후에 네 형제를 굳게 하라"(눅 22:31-32).

사탄은 베드로를 공격하고 시험하겠지만 베드로를 자기 소유로 삼지는 못할 터였다. 왜 그러한가? 베드로가 강했기 때문일까? 아니다. 예수님이 강하시기 때문이다. "너를 위하여 … 기도하였노니." 예수님의 기도는 사탄을 무력하게 만든다.

예수님은 또한 당신을 위해서 기도하신다. "거룩하신 아버지여 내게 주신 아버지의 이름으로 그들을 보전하사 우리와 같이 그들도 하나가 되게 하옵소서 … 내가 비옵는 것은 이 사람들만 위함이 아니요 또 그들의 말로 말미암아 나를 믿는 사람들도 위함이니"(요 17:11, 20).

하나님이 자기 아들의 중보 기도를 들으실까? 물론이다. 사탄은 베드로처럼 우리도 밀 까부르듯 하려고 할지 모른다. 우리는 믿음이 약해지고 결심이 흔들리겠지만, 예수님으로부터 떨어져 나가지는 않을 것이다. 우리는 "예수 그리스도께서 지켜 주시는"(유 1, 메시지) 데다 "하나님의 능력으로 보호하심을 받았"기 때문이다(벧전 1:5). 그 능력은 결코 작은 능력이 아니다. 살아계신 구세주의 능력이다.

그렇지만 어떤 사람들은 이 말씀을 이용하려 들지 않을까? 넘어지면 하나님이 붙잡아 주시리라는 것을 알고 일부러 넘어지지 않을까? 그렇다, 한동안은 그럴지도 모른다. 그러나 은혜가 깊어지면서, 하나님의 사랑과 인자하심이 내면 깊숙이 스며들면서 그들은 달라질 것이다.

당신의 시작과 끝을 그리스도께 맡기라. 그분은 알파와 오메가시다. 그분은 당신을 붙잡아 주실 것이고 또 당신이 사랑하는 사람들을 붙잡아 주실 것이다. 방황하는 자녀가 있는가? 배우자가 하나님께 돌아오기를 바라는가? 믿음이 식어버린 친구가 있는가? 하나님은 당신 이상으로 그들이 돌아오기를 바라신다. 계속해서 기도하고 포기하지 말라.

하나님은 자녀들의 마음속에 노래를 두신다. 소망과 생명의 노래를. "새 노래 곧 우리 하나님께 올릴 찬송을 내 입에 두셨으니"(시 40:3). 어떤 사람들은 날마다 소리 높여 이 노래를 부른다. 하지만 어떤 사람들은 노래하지 않는다. 인생의 상처와 삶의 어려움들이 음악을 멈추게 한 것이다. 이렇게 하나님의 노래가 불리지 않는 긴 계절이 지난다.

여기서 조심하고 싶은 점이 있다. 우리는 누군가가 하나님의 은혜를 신뢰하는지 신뢰하지 않는지 항상 알 수는 없다. 사람은 마음속 깊은 곳에서 믿지 않으면서도 겉으로는 믿는 체할 수 있다.³ 그건 우리가 알 수 없는 점이다. 그러나 우리는 이것만큼은 안다. 진정한 돌이킴이 있는 곳에 영원한 구원이 있다는 사실이다. 우리가 해야 할 일은, 자녀를 본향으로 부르시는 하나님의 능력을 신뢰하는 것이다. 제멋대로이고 상처 입은 사람들 틈에 하나님이 걸으시며 노래하실 때, 우리는 그 하나님과 함께 걷는다. 하나님의 자녀는 끝내 그분의 음성을 듣게 될 것이고, 마음 안에서 무언가가 깨어날 것이다. 그때 그들은 다시 노래하기 시작하리라.

말씀과 삶을 잇는 묵상 질문

1. 시끌벅적한 해안 도시인 가버나움으로 돌아가, 죽어가는 딸아이 때문에 마음이 무너진 회당장 야이로를 만나 보자. 예수님은 야이로를 도와주겠다고 약속하셨으나 그분의 옷에 손을 댄 여인 때문에 지체하셨고, 딸이 낫기를 간절히 바라던 야이로는 예수님이 과연 약속을 지키실지 의문이 들기 시작했다.

   - 당신은 예수님에 관한 어떤 것이 가장 믿기 어려운가? '예수님이 나를 도우실 수 있을까'인가, '예수님이 나에게 마음을 쓰실까'인가, 아니면 '예수님이 나에게 오실까'인가?

   - 예수님은 야이로에게 그분이 도우실 수 있고, 마음을 쓰고 계시며, 야이로의 집에 오시리라는 것을 어떻게 보여 주셨는가?(막 5:40-41)

   - 이것은 예수님이 당신의 기도에 어떻게 응답하신다고 말해 주는가?

2. 당신은 도움이 필요한가? 기적을 바라는가? 맥스 루케이도는 성경에 나오는 "가장 달콤한 약속 중 하나"인 히브리서 4장 15-16절을 떠올리라고 말한다.

   - 당신에게 이 약속은 어떤 의미인가?

   - 이 약속을 붙들고 있던 시기를 떠올려 보라. 그때 어떤 시련에 직면해 있었는가? 이 약속을 떠올리는 게 어떤 도움이 되었는가?

   - "당신의 기도를 들으시는 분은 당신의 고통을 이해하신다"(p.148). 이 말의 진실성을 경험한 적이 있는가? 그것은 어떻게 믿음을 재정비하게 이끌었는가?

3. 예수님은 그분께 영혼을 맡긴 사람들에게 영원을 약속하셨다. "내 말을 듣고 또 나 보내신 이를 믿는 자는 영생을 얻었고"(요 5:24).
    - 사는 게 힘들 때 당신은 어디를 향하는가? 고통 가운데서 자연스럽게 하나님의 음성을 구하곤 하는가?

    - 예수님을 상상할 때 그분의 어떤 모습을 떠올리는가? 요동치는 배 안에서 주무시는 구세주이신가? 죽은 소녀의 침상을 마주한 확신에 찬 치유자이신가? 팔레스타인의 언덕에서 수천 명의 사람에게 말씀하시는 스승이신가? 예수님의 어떤 이미지에 마음이 편안해지며, 그 이유는 무엇인가?

4. 맥스 루케이도는 말한다. "당신이 하나님을 붙잡고 있는 것 이상으로 하나님이 당신을 붙잡고 계시다는 것을 믿으라. 하나님의 신실하심은 당신의 신실함에 달려있지 않다. 하나님의 행동은 당신의 행동에 따라 달라지지 않으시며, 하나님의 사랑은 당신의 사랑을 전제로 하지 않으신다"(p.156).
    - 이에 대해 어떻게 느끼는가?

    - 이 말이 쉬이 믿어지는가 아니면 믿기가 어려운가? 그 이유는 무엇인가?

3부

길

예루살렘

예수님의 무덤으로 알려진 '정원 무덤(Garden Tomb)'은 예수님이 마지막 말씀을 남기신 곳이다. 예수님은 당신 없는 삶보다, 당신을 위한 죽음을 택하셨다. 죽음과 슬픔의 이 장소는 생명과 영원한 소망의 궁극적 상징이 되었다. 사도 바울은 "사망을 삼키고 이기리라"라고 썼다. 그리스도의 약속은 이것이니, 바로 그리스도께 생명을 맡기면 그가 당신의 죽음을 돌보아 주시리라는 것이다. 그리스도는 당신을 안전하게 본향으로 데려가 주시겠다고 약속하신다. 그분이 부활하셨다는 사실이 곧 당신에게 주시는 약속이다.

8장

몸을 굽히시다

요한복음 3장 16절을 이해하기 위해서는, 아니 예수님을 이해하기 위해서는 "하나밖에 없는 외아들(one and only Son)"이라는 말이 어떤 의미인지를 알아야 한다.

하나님이 세상을 무척 사랑하셔서 하나밖에 없는 외아들마저 보내주셨으니 누구든지 그를 믿기만 하면 멸망하지 않고 영원한 생명을 얻는다(요 3:16, 현대인의 성경).

하나밖에 없는 외아들, 예수님.
"하나밖에 없는"에 해당하는 헬라어는 '모노게네스'다. 이는 '유일한'을 의미하는 '모노스'와 '종, 인종, 가족, 후손, 종류'를 뜻하는 '게네스'의 합성어. 성경에서 이 단어가 사용될 때는 거의 언제나 부모-자식 관계를 나타낸다. 누가는 과부의 아들을 묘사할 때 이 단어를 사용하여 "한 어머니의 독자"(눅 7:12)라고 기술하고 있으며, 히브리서의 저자는 "아브라함은 … 그 외아들을 드렸느니라"(히 11:17)라고 말한다.

요한은 이 단어를 다섯 차례 사용하는데 그때마다 예수님과 하나님 사이의 특별한 관계를 강조한다.

말씀이 육신이 되어 우리 가운데 거하시매 우리가 그의 영광을 보니 아버지의 독생자의 영광이요 은혜와 진리가 충만하더라(요 1:14).

본래 하나님을 본 사람이 없으되 아버지 품 속에 있는 독생하신 하나님이 나타내셨느니라(요 1:18).

하나님이 세상을 이처럼 사랑하사 독생자를 주셨으니 이는 그를 믿는 자마다 멸망하지 않고 영생을 얻게 하려 하심이라(요 3:16).

그를 믿는 자는 심판을 받지 아니하는 것이요 믿지 아니하는 자는 하나님의 독생자의 이름을 믿지 아니하므로 벌써 심판을 받은 것이니라(요 3:18).

하나님의 사랑이 우리에게 이렇게 나타난 바 되었으니 하나님이 자기의 독생자를 세상에 보내심은 그로 말미암아 우리를 살리려 하심이라(요일 4:9).

다섯 구절 모두에서 이 '모노게네스'라는 형용사는 "아들"을 수식한다. '모노게네스'는 예수님과 하나님 사이의 특별한 관계를 강조한다. 예수님은 다른 누구와도 다르시다. 하나님을 부르는 모든 사람이 하나님의 자녀이지만, 오직 예수님만이 하나님의 아들(Son of God)이시다. 그리스도만이 '모노게네스'라고 불리신다. 이는 오직 그리스도만이 하나님의 게네스(genes, 유전자)를 가지고 계시기 때문이다.

보다 익숙한 번역인 "독생자(only begotten Son)"(요 3:16)라는 말에는 이 같은 진리가 담겨 있다. 부모가 자식을 낳을 때, 그들은 자식에게 DNA를 물려준다. 예수님은 하나님과 DNA를 공유하신다. 예수님은 '생겨났다'는 의미에서 하나님께로 나신 게 아니라 하나님과 같은 본질, 영원한 본질과 무한한 지혜, 지칠 줄 모르는 에너지를 가지고 계신다는 의미에서 하나님께로 나셨다. 예수님은 하나님의 모든 속성을 공유하신다. 예수님은 "나를 본 자는 아버지를 보았"다고(요 14:9) 하신다.

그리고 히브리서는 여기에 동의한다. "이 아들은 거울처럼 완벽하게 하나님을 비추시는 분이며, 그분께는 하나님의 본성이 도장처럼 찍혀 있습니다"(히 1:3, 메시지). 예수님은 하나님과 특별한 관계, 역사상 다른 누구도 경험한 적이 없는 독특한 관계에 계시며, 구원자 그리스도의 위치에 계신다.

그분은 마태의 펜을 통해 이 관계의 두 특징을 말씀하신다.

내 아버지께서 모든 것을 내게 주셨으니 아버지 외에는 아들을 아는 자가 없고 아들과 또 아들의 소원대로 계시를 받는 자 외에는 아버지를 아는 자가 없느니라(마 11:27).

이 말씀을 통해 예수님은 자신이 유일한 통치자임을 나타내신다. "내 아버지께서 모든 것을 내게 주셨으니"(마 11:27). 이 거룩한 권위에 능력이 따라왔다. 저주하는 능력과 용서하는 능력, 그리고 이 모두에 필요한 지혜와 분별이 따라왔다. 예수님은 이 책임을 이해하셨다. 어느 날 더할 나위 없이 잘 보여 주신 바와 같이….

사람들의 목소리가 그녀를 침대에서 벌떡 일어나게 했다.

"일어나, 이 매춘부."

"너는 네가 어떤 여자라고 생각하느냐?"

제사장들이 침실 문을 박차고 들어가 창문 커튼을 젖히고 이불을 잡아챘다. 여자는 아침 햇살의 온기를 느끼기도 전에 따가운 경멸의 시선을 느꼈다.

"부끄러운 줄 알아야지."

"불쌍한 인간."

"역겨워."

여자가 옷을 다 걸치기도 전에 그들은 여자를 잡아끌고 좁은 골목길을 걸어 내려갔다. 개들이 짖고 수탉이 달아났다. 여자들이 창밖으로 내다보고, 어머니들은 골목에서 노는 아이들을 끌고 집으로 들어갔다. 상인들이 가게 문틈으로 바라보았다. 온 예루살렘이 배심원이 되어 팔짱을 낀 채 여자를 노려보았다. 그리고 마치 그 침실 습격과 수치의 행렬만으로는 부족하다는 듯이 남자들이 그 여자를 아침 성경 수업의 한가운데로 밀어 넣었다.

다음날 이른 아침에 예수님은 다시 성전으로 가셨다. 금세 사람들이 모여들었고, 예수님은 자리에 앉아 그들을 가르치셨다. 예수님이 말씀하고 계시는데 율법 교사들과 바리새인들이 간음하다 붙잡힌 여자를 데리고 왔다. 그들은 여자를 사람들 앞에 끌어다 놓았다.

그들이 예수님을 향해 말했다. "선생이여 이 여자가 간음하다가 현장에서 잡혔나이다 모세는 율법에 이러한 여자를 돌로 치라 명하였거니와 선생은 어떻게 말하겠나이까"(요 8:4-5).

깜짝 놀란 학생들이 여자의 한쪽 옆으로 비켜 서고 경건한 고소인들이 다른 쪽 옆에 섰다. 고소인들은 확신 속에 질문을 던졌고, 여자는 속옷 바람에 립스틱이 번진 얼굴을 하고 있었다. "이 여자가 간음하다가 현장에서 잡혔나이다." 고소인들이 소리 질렀다. 여자는 현장에서 잡혔다. 간음하다가, 남자의 품에 안긴 채, 열정에 들떠서. 현장에서 예루살렘 윤리위원회에 적발되었다.

"모세는 율법에 이러한 여자를 돌로 치라 명하였거니와 선생은 어떻게 말하겠나이까?"

여자에게는 빠져나갈 구멍이 없었다. 저들의 고소를 부인할 것인가? 그녀는 현장에서 잡혔다. 자비를 청할 것인가? 누구에게? 하나님께? 하나님의 대리인이라고 하는 자들이 손에 돌을 들고 그녀를 비난하고 있었다. 누구도 그녀를 변호하려 하지 않았다. 그러나 그때 누군가 그녀를 위해 몸을 굽혔다.

예수께서 몸을 굽히사 손가락으로 땅에 쓰시니(요 8:6).

우리는 예수님이 자리에서 일어나 한 걸음 앞으로 나오시거나 계단에 올라가 말씀하시리라고 기대하곤 한다. 하지만 예수님은 그렇게 하는 대신 몸을 굽히셨다. 예수님은 다른 누구보다, 제사장들과 사람들, 심지어 간음하다 붙잡힌 여인보다 더 몸을 낮추셨다. 고소인들은 여자를 내려다보았지만, 예수님을 보려면 더 아래로 몸을 구부려야 했다.

예수님은 몸을 굽히는 데 익숙하셨다. 그분은 제자들의 발을 씻어 주기 위해 몸을 굽히셨고, 어린아이들을 안아 주기 위해 몸을 굽히셨다. 베드로를 바다에서 건져 올리기 위해 몸을 굽히셨고,

겟세마네 동산에서 기도하기 위해 몸을 굽히셨다. 죄수를 묶어 놓고 채찍질하는 기둥 앞에서 몸을 굽히셨고, 십자가를 지고 가느라 몸을 굽히셨다. 몸을 굽히신 하나님은 은혜의 하나님이시다. 하나님이 몸을 굽히고 땅에 무언가를 쓰셨다.

하나님이 처음으로 흙을 만지신 때가 언제인지 기억하는가? 하나님은 흙으로 아담을 빚으셨다. 예수님이 붙잡혀 온 여자 옆에서 햇볕에 덥힌 흙을 만지실 때, 그분은 창조의 순간을 되새기며 우리가 어디서 왔는지를 상기시켜 주셨을 것이다. 땅의 인간은 땅의 일을 하는 경향이 있다. 어쩌면 예수님은 자신의 유익을 위해 흙에 무언가를 쓰셨는지도 모른다. 아니면 여자의 유익을 위해 그러셨을까? 무리에게 둘러싸인 그 헐벗은 여인에게 쏟아지는 시선을 다른 데로 돌리시려고?

예수님이 몸을 굽힌 채 아무 말씀이 없으시자 고소인들의 인내심은 바닥나기 시작했다. "그들이 묻기를 마지 아니하는지라"(7절). 예수님은 일어나서 어깨를 펴고 고개를 꼿꼿이 세우셨다. 하지만 설교를 하려 일어나신 것은 아니었다. 예수님은 몇 마디 안 하실 터였기 때문이다. 오래 서 계시지도 않을 것이었다. 곧 다시 몸을 굽히실 터였기 때문이다. 예수님은 제자들을 가르치려고 일어나신 게 아니었다. 그분은 제자들을 향해 말씀하시지 않았다. 예수님은 여자를 대신하여 일어나셨다. 그분은 여자와 그녀에게 폭력을 가하려는 사람들 사이에 서신 후 "이르시되 너희 중에 죄 없는 자가 돌로 치라 하시고 다시 몸을 굽혀 손가락으로 땅에 쓰"셨다(7-8절).

그러자 욕을 하던 사람들이 입을 다물었다. 돌로 여자를 치려던 사람들이 돌을 내려놓았다. 예수님은 다시 땅에 무언가를 쓰셨다. "그들이 이 말씀을 듣고 양심에 가책을 느껴 어른으로 시작하여 젊은이까지 하나씩 하나씩 나가고 오직 예수와 그 가운데 섰는 여자만 남았더라"(9절).

예수님의 말씀은 아직 끝나지 않았다. 그분은 마지막으로 한 번 더 일어나서 여자에게 물으셨다. "너를 고발하던 그들이 어디 있느냐"(10절). 이 질문은… 그 여자뿐 아니라 우리를 위한 질문이기도 하다. 비난의 목소리 또한 우리를 일깨운다.

"너는 아직 부족해."

"너는 결코 나아지지 않을 거야."

"이번에도 실패했구나."

우리 세계에서 들려오는 목소리들이다.

그리고 우리 머릿속에서 들려오는 음성들이다! 우리가 비틀거릴 때마다 소환장을 발부하는 이 심판관은 누구인가? 우리가 실

수할 때마다 이를 상기시켜 주는 자는 누구인가? 그는 입을 함구하기를 모르는가?

그렇다, 그는 입을 다물 줄 모른다. 사탄은 결코 입을 다물지 않기 때문이다. 사도 요한은 사탄을 고소자라고 불렀다. "온 세상을 유혹하는 늙은 뱀, 곧 마귀라고도 하고 사탄이라고도 하는 그 큰 용이 땅으로 내어쫓기자 그의 부하들도 그와 함께 쫓겨났습니다. 그때 나는 하늘에서 큰 소리로 이렇게 말하는 것을 들었습니다 '… 우리 앞에서 밤낮 우리 형제들을 고소하던 자가 이제 쫓겨났다'"(계 12:9-10, 현대인의 성경).

매일 매시간 고소자는 지치지도 않고 비난을 일삼는다. 그는 고소하는 것으로 커리어를 쌓는다. 성령님이 주시는 확신과 달리 사탄의 비난은 회개와 결심에 이르게 하지 못하고 오직 후회만 안긴다. 사탄에게는 한 가지 목적이 있으니, 그것은 바로 "도둑질하고 죽이고 멸망시키려는 것"(요 10:10)이다. 그는 당신의 평안을 도둑질하고, 당신의 꿈을 죽이고, 당신의 미래를 멸망시킨다.

사탄은 말솜씨가 좋은 마귀들에게 그를 대리하게 한다. 사탄은 그의 독을 퍼뜨릴 사람들을 모집한다. 그리하여 친구들은 당신의 과거를 들추고, 목사들은 죄는 선포하되 은혜는 선포하지 않는다. 그리고 부모…, 부모들은 죄책감 여행을 전문으로 하는 여행사를 운영한다. 그들은 하루 24시간 죄책감을 퍼뜨린다. 성인이 된 지한참이 지난 지금도 귓전에 그들의 목소리가 맴도는 듯하다. "철 좀 들어라." "대체 언제쯤 자랑스러운 아들이 될래?"

사탄은 비난을 좋아한다. 그는 간음한 여자의 시나리오를 자주 되풀이하여, 당신을 도심의 거리로 끌고 다니며 당신의 이름을 들먹인다. 그는 당신을 사람들 앞으로 끌고 가서 확성기로 당신의 죄를 고발한다. "이 사람은 부도덕한 일을 … 어리석은 일을 … 부정직한 일을 … 무책임한 일을 하다 현장에서 붙잡혔소." 그러나 그는 마지막 말은 하지 못한다. 예수님이 당신을 대신해 나서셨기 때문이다.

예수님은 몸을 굽히셨다. 그분은 여물통에 누우시고, 목공소에서 일하시고, 낚싯배에서 주무실 만큼 몸을 낮추셨다. 죄인들과 나병 환자들과 함께하실 만큼 낮아지셨다. 사람들이 그분께 침을 뱉고, 때리고, 못 박고, 창으로 찌를 만큼 낮아지셨다. 죽어서 묻힐 만큼 낮아지셨다.

그러고는 일어나셨다. 죽음에서 일어나셨다. 무덤에서, 사탄의 면전에서 일어나셨다. 일어나서 우뚝 서셨다. 예수님은 간음하다 붙잡힌 여자를 위해 일어나셔서 여인의 고소자들을 침묵하게 하셨으며, 당신을 위해서도 똑같이 하신다.

예수님은 "지금 이 순간에도 하나님 앞에서 우리를 변호하고"(롬 8:34, 메시지) 계신다. 잠시 이 말씀이 마음속에 스며들게 하라. 하나님의 임재 안에서 예수님은 사탄에게 맞서시며 예수님은 일어나 당신을 변호하신다. 그분은 제사장 역할을 하신다.

> 또 하나님의 집 다스리는 큰 제사장이 계시매 우리가 마음에 뿌림을 받아 악한 양심으로부터 벗어나고 몸은 맑은 물로 씻음을 받았으니 참 마음과 온전한 믿음으로 하나님께 나아가자(히 10:21-22).

그리하여 우리는 깨끗한 양심과 순결한 마음을 회복한다. 전과 기록은 삭제되고 우리는 고발로부터 자유로워진다. 비난으로부터 자유로워진다. 과거의 실수뿐 아니라 미래의 실수에 대해서도 마찬가지다.

"이는 그가 항상 살아 계셔서 그들을 위하여 간구하심이라"(히 7:25). 그리스도는 당신을 위해 끊임없이 중보 기도를 드리신다. 예수님은 은혜의 말씀으로 마귀의 죄책을 이기신다.

> 허물로 죽은 우리를 그리스도와 함께 살리셨고 (너희는 은혜로 구원을 받은 것이라) 또 함께 일으키사 그리스도 예수 안에서 함께 하늘에 앉히시니 이는 그리스도 예수 안에서 우리에게 자비하심으로써 그 은혜의 지극히 풍성함을 오는 여러 세대에 나타내려 하심

이라 너희는 그 은혜에 의하여 믿음으로 말미암아 구원을 받았으니 이것은 너희에게서 난 것이 아니요 하나님의 선물이라 행위에서 난 것이 아니니 이는 누구든지 자랑하지 못하게 함이라 우리는 그가 만드신 바라 그리스도 예수 안에서 선한 일을 위하여 지으심을 받은 자니 이 일은 하나님이 전에 예비하사 우리로 그 가운데서 행하게 하려 하심이니라(엡 2:5-10).

은혜의 열매를 보라. 하나님은 은혜로 우리를 구원하시고, 우리를 들어 올리셔서 하나님과 함께 앉게 하셨다. 우리는 구원을 선물로 받고, 선한 일을 하도록 위임받았다. 세상의 비난에 작별을 고하자. 우리는 더 이상 세상이 비난하는 것처럼 어리석거나, 비생산적이거나, 배움이 더디거나, 말이 빠르거나, 게으르거나, 인색하지 않다.

우리는 하나님이 말씀하시는 것처럼 영적으로 살아 있고, 천국에 자리하고 있고, 하나님과 연결되어 있다. 우리는 자비의 광고판이며, 하나님의 존중받는 자녀다. 이는 "우리가 은혜라고 부르는 그 전투적 용서"다(롬 5:20, 메시지). 사탄은 이제 할 말을 잃는다.

누가 능히 하나님께서 택하신 자들을 고발하리요 의롭다 하신 이는 하나님이시니 누가 정죄하리요 죽으실 뿐 아니라 다시 살아나신 이는 그리스도 예수시니 그는 하나님 우편에 계신 자요 우리를 위하여 간구하시는 자시니라(롬 8:33-34).

사탄의 고소는 점점 잦아들다가 바람 빠진 풍선처럼 땅에 떨어지고만다. 그렇다면 왜, 도대체 왜 우리는 여전히 그의 고소를 듣는가? 왜 여전히 죄책감을 느끼는가?

모든 죄책감이 다 나쁜 것은 아니다. 하나님은 우리가 죄에 대해 깨어 있도록 적절한 양의 죄책감을 사용하시기도 한다. 죄책감이 "정의의 분노와 하나님을 두려워함과 그리워함과 열심과 죄 지은 사람을 처벌할 마음을"(고후 7:11, 현대인의 성경) 불러일으킬 때, 우리는 그것이 하나님으로부터 온 것임을 안다. 이 마음은 우리를 변화시킬 만큼의 후회를 가져다준다.

반면 사탄으로부터 온 죄책감은 우리를 예속시킬 만큼의 후회를 가져다준다. 사탄이 당신에게 족쇄를 채우지 못하게 하라. "너희 생명이 그리스도와 함께 하나님 안에 감추어졌음"을(골 3:3) 기억하라. 당신을 보실 때 하나님은 먼저 그리스도를 보신다. '의'를 뜻하는 한자는 '양'을 나타내는 글자와 '사람(나)'을 나타내는 글자가 합쳐진 것으로, 양이 위에서 사람을 덮고 있다. 하나님이 당신을 내려다보실 때마다 완벽한 하나님의 양이 당신을 덮으신다. 이는 우리를 다음과 같은 질문으로 인도한다.

'당신은 당신의 변호인을 믿을 것인가 아니면 고소인을 믿을 것인가?'

이 대답은 중요한 함의를 갖는다.

은혜는 사람들을 변화시킨다. 은혜가 당신을 변화시키게 하라. 사탄의 음성에 주의를 기울이지 말라. "아버지 앞에서 … 대언자가 있으니 곧 의로우신 예수 그리스도"(요일 2:1)가 계신다. 그리스도는 당신을 변호하시고 당신을 대신하여 말씀하신다. "그러므로 이제 그리스도 예수 안에 있는 자에게는 결코 정죄함이 없나니"(롬 8:1). 사탄아, 이것을 알지어다!

이것이 바로 예수님이 간음하다 붙잡힌 여자에게 하고자 하신 말씀이 아니었을까?

예수님께서 일어나 그 여자에게 "그들이 어디 있느냐? 너를 죄인 취급한 사람은 없느냐?" 하고 물으시자 그녀는 "주님, 없습니다" 하고 대답하였다. 그때 예수님은 "그렇다면 나도 너를 죄인 취급하지 않겠다. 가서 다시는 죄를 짓지 말아라" 하고 말씀하셨다(요 8:10-11, 현대인의 성경).

성전 뜰은 금세 텅 비었다. 예수님도, 그 여자도, 그녀를 비판하던 사람들도 모두 떠났다.

그러나 우리는 조금만 더 머물기로 하자. 사람들이 사용하지 않고 버리고 간 돌멩이들을 보라. 그리고 땅에 쓰인 글자를 보라. 그것은 예수님이 글로 쓰신 유일한 설교다. 비록 어떤 글귀가 쓰여 있는지 알 수 없지만, '은혜가 여기 임했다'라고 쓰여 있지 않을까.

말씀과 삶을 잇는 묵상 질문

1. 헬라어 '모노게네스'는 무슨 뜻인가? 이것은 예수님을 묘사하는 데 사용된 "독생자"를 이해하는 데 어떻게 도움을 주는가?
   - 예수님과 하나님 아버지와의 관계는 어떤 것이었는가?

   - 이 관계는 이 땅의 일반적인 부자 관계와 어떻게 다른가?

2. 예수님은 어떻게 우리의 하나밖에 없는 통치자가 되시는가?
   - 오늘 당신에게는 어떤 예수님이 필요한가? 삶의 궁극적 권위가 되시는 예수님이신가? 나의 길보다 더 높은 길을 가시는 예수님이신가? 아니면 다른 누구보다 더 하나님 아버지를 친밀히 아시는 예수님이신가?
   그 이유는 무엇인가?

3. 예수님이 예루살렘 성전에서 사람들을 가르치고 계실 때 "간음하다가 현장에서"(요 8:4) 잡힌 여자가 예수님 앞에 끌려왔다. 바리새인들은 그녀를 돌로 쳐야 한다고 주장했다.
   - 자신을 에워싼 사람들 앞에서 수치를 당하며 공공연하게 사형을 선고받은 이 여자에게 어떤 희망이 있었을까? 예수님은 상황을 어떻게 변화시켜 여자에게 희망을 가져다주셨는가?

   - 당신의 삶에서 수치를 가져다주는 것은 무엇인가?

   - 이 이야기가 수치심 가운데 놓인 당신에게 어떤 희망을 가져다주는가?

4. 마태복음 11장 28-29절을 읽으라.
   - 예수님은 지금 당신에게 무엇을 가르치시는가? 당신이 예수님께 배워야 하는 것은 무엇인가?

5. 맥스 루케이도는 간음하다 잡힌 여자가 예수님 앞에 끌려왔을 때 예수님이 몸을 굽혀 땅에 무언가를 쓰신 이유를 어떻게 설명하는가?
   - 예수님이 무엇이라 쓰셨을 것 같은가?

   - 앞서 예수님과 하나님 아버지와의 관계에 대해 배운 것을 생각할 때 예수님이 간음하다 붙잡힌 여자 앞에서 몸을 굽히신 것은 왜 중요한가?

   - 성전에 모인 사람들은 예수님의 행동에 대해 어떻게 생각했을 것 같은가?

   - 당신은 예수님의 행동에 대해 어떻게 생각하는가?

6. 당신을 고소하는 자의 음성은 당신에게 무엇이라고 말하는가? 이 음성은 당신의 일이나 인간관계, 하나님과의 관계에 어떤 영향을 끼치는가?
   - 로마서 8장 33-34절을 읽으라. 누구도 당신을 고소하거나 당신에게 죄가 있다고 말할 수 없는 이유는 무엇인가?

   - 고소자의 음성을 잠재우고 당신의 변호인이신 예수님의 음성에 잠시 귀 기울이라. 예수님은 어떤 말씀을 하시는가?

9장

변하지 않는 진리를
말씀하시다

몇 년 전, 죽음을 앞둔 사람을 위해 급히 병원으로 와달라는 전화를 받았다. 피터에 대해 잘 알지 못했지만, 이제까지 험하게 살아온 데 대한 혹독한 대가를 치르고 있다는 것 정도는 알았다. 피터는 수년간의 알코올과 마약 남용으로 건강에 이상 징후가 찾아왔다. 그는 그리스도를 통해 하나님과 화해했지만, 그의 간은 그의 몸과 갈등 중이었다.

피터의 전 부인은 내게 피터가 죽어가고 있다고 말했다. 전화를 받은 나는 급히 서둘렀지만, 피터는 내가 도착하기 몇 분 전 세상을 떠났다. 병실에는 조금 전까지만 해도 피터가 살아 있던 흔적이 고스란히 남았다. 피터의 전 부인은 여전히 그의 침대 옆에 서 있었다.

피터의 머리칼은 그녀가 쓸어넘겨 준 그대로였고, 그의 왼손 손가락 관절 밑에는 그녀가 입을 맞춰 주었을 때 생긴 립스틱 자국이 남아 있었으며, 이마에는 땀방울이 송글송글 맺혀 있었다. 피터의 전 부인은 내가 들어오는 것을 보고 고개를 들었다. 그리고 눈빛과 말로 그가 세상을 떠났음을 전했다.

피터는 조용히 떠났다. 생을 마감했다. 세상과 작별인사를 했다. 한순간 여기 있다가 다음 순간… 어디로 갔을까? 그는 죽었지만 살아 있다. 하지만 어디에서? 그리고 어떤 형태로? 어디로 갔을까? 어떤 방식으로 갔을까? 거기서 무엇을 보았을까? 무엇을 알게 되었을까? 무엇을 하고 있을까? 우리는 너무나 알고 싶다.

당신의 삶에서 '방금 떠난' 사람이 있는가? 배우자의 숨이 멎었거나 태아의 심장 박동이 멈췄거나 할머니의 몸에 연결된 모니터의 그래프가 일직선이 되었을 때, 그 순간 어떤 일이 일어났을까?

당신이 세상을 떠날 때는 어떤 일이 일어날까? 당신은 마지막 호흡을 내뱉을 것이고 마지막 맥박이 뛸 것이다. 폐는 텅 비고 혈액 순환이 멎을 것이다. 그리고… 그다음은 어떻게 될까? 우리는 사후에 무엇이 될까? 우리가 죽은 뒤에 어떤 일이 일어날까? 여기에 대한 목소리는 다양하다.

- 어떤 사람들은 아무 일도 일어나지 않는다고 말한다. 우리의 몸은 썩어 없어질 것이다. 죽으면 그것으로 끝이다. 우리가 한 일이나 평가는 남겠지만, 우리는 그렇지 않을 것이다.

- 어쩌면 유령이 되지 않을까? 눈보라처럼 창백하고 아침 안개처럼 흐릿한 유령이 될까? 죽은 다음에 우리는 귀신이 될까?

- 아니면 독수리나 소, 또는 자동차 정비공이 될 수도 있다. 살아 있을 때 어떻게 했느냐에 따라 더 나은 존재로 환생할 수도 있고 더 못한 존재로 환생할 수도 있다. 우리는 또 다른 몸을 입고 지상으로 돌아올 것이다.

- 아니면 우주의 일부가 될 것이다. 호수가 빗방울을 흡수하듯 영원이 우리를 흡수할 것이다. 우리는 세상에 태어나기 전으로… 우주의 의식으로 돌아갈 것이다.

반면에 기독교는 "사망을 삼키고 이기리라"는(고전 15:54) 새롭고 놀라운 아이디어를 제시한다. '빈 무덤의 약속'에 의하면 내 친구 피터는 이 세상보다 훨씬 더 좋은 세상, 너무나 좋아서 그를 설령 다시 돌아가게 하려면 하나님이 직접 설득하셔야 할 정도로 좋은 세상에서 깨어날 것이다.

나는 천국에 계신 예수님이 본향으로 돌아오는 손님들을 맞이하시느라 몹시 분주하리라 생각한다. 이것이 그리스도인의 소망이다. 이 소망은 부활절의 기적을 통해 입증된다. 당신도 이 기적을 아는가?

그리스도께 어떤 일이 일어났는가?

예수님이 돌아가신 후의 주일 아침이었다. 하늘이 어두웠고 제자들은 뿔뿔이 흩어졌다. 로마 사람인 사형집행인은 아침 식사나 남은 과업, 아니면 다음 휴가에 대해 생각하는 중이었다. 하지만 그는 자신이 십자가에 못 박아 창으로 찌른 사람에 대해서는 생각하지 않았다. 예수님은 죽으시고 묻히셨다. 어제의 뉴스라고? 틀렸다.

> 큰 지진이 나며 주의 천사가 하늘로부터 내려와 돌을 굴려 내고 그 위에 앉았는데 그 형상이 번개 같고 그 옷은 눈같이 희거늘 지키던 자들이 그를 무서워하여 떨며 죽은 사람과 같이 되었더라 천사가 여자들에게 말하여 이르되 너희는 무서워하지 말라 십자가에 못 박히신 예수를 너희가 찾는 줄을 내가 아노라 그가 여기 계시지 않고 그가 말씀하시던 대로 살아나셨느니라 와서 그가 누우셨던 곳을 보라(마 28:2-6).

예수님은 무덤에서 나오셨다. 한 손에는 죽음의 가면을, 다른 손에는 천국의 열쇠를 들고서. 그분은 살아나셨다! 잠에서 깨어나신 게 아니다. 혼돈에서 깨어나신 게 아니다. 혼수상태나 무기력에서 깨어나신 게 아니다. 죽음에서 영적으로 살아나신 게 아니라 육체적으로 살아나셨다. 여자들과 제자들은 유령을 보았거나 어떤 기운을 느낀 게 아니었다. 그들은 살아 계신 예수님을 보았다. 그들뿐만이 아니었다. 예수님을 따르는 다른 사람들도 예수님을 보았다. "그 후에 오백여 형제에게 일시에 보이셨나니"(고전 15:6).

부활은 몇몇 사람들이 보았다는 그럴싸한 이야기가 아니다. 부활은 수백 명의 사람에 의해 실제로 목격되었다. 우리는 그리스도가 죽으셨을 때 무슨 일이 일어났는지 안다. 그렇다면 그분을 믿는 사람들이 죽을 때에는 어떤 일이 일어날까?

그리스도인에게 어떤 일이 일어나는가?

간단하다. 무덤이 비어 있었던 것으로 보아 그리스도의 약속은 거짓이 아니었다. "사망을 삼키고 이기리라"(고전 15:54). 그리스도께 당신의 생명을 맡기면 그분은 당신의 죽음을 돌보실 것이다.

당신이 죽으면 당신의 영혼은 그 즉시 하나님의 임재 안으로 들어간다. 당신은 하늘 아버지와 당신보다 먼저 하늘나라에 온 사람들의 영혼과 교제할 것이다. 그리고 당신의 몸은 그 후에 올 것이다. 다음과 같은 성경 구절은 이것이 진실임을 말한다.

우리가 담대하여 원하는 바는 차라리 몸을 떠나 주와 함께 있는 그것이라(고후 5:8).

피터의 전 부인이 피터에게 이제 어떤 일이 일어나느냐고 물었을 때 나는 "그는 몸을 떠나서 주님과 함께 있습니다"라고 대답해 줄 수 있었다. 이것이 예수님이 십자가에서 강도에게 하신 약속 아닌가? "오늘 네가 나와 함께 낙원에 있으리라"(눅 23:43). "오늘"이라고 그리스도는 약속하셨다. 지체되거나 중단되는 일은 없다. 연옥에서 죄를 씻거나 영혼이 잠드는 일도 없다. 강도는 지상에서 눈을 감았다가 낙원에서 눈을 떴다. 믿는 자의 몸이 부활을 기다리는 동안 그의 영혼은 본향으로 돌아간다.

낙원은 천국의 첫 번째 단계다. 그러나 천국의 마지막 모습은 아니다. 어느 시점(지금은 오직 하나님만 아시는)에 당신의 몸은 무덤에서 주님의 음성을 들을 것이다. "죽은 자들이 하나님의 아들의 음성을 들을 때가 오나니 … 무덤 속에 있는 자가 다 그의 음성을 들을 때가 오나니 … 나오리라"(요 5:25, 28-29). 새날을 시작하는 때가 올 것이다.

이 순간에 관한 중요한 논의가 있다. 그것은 바로 그리스도의 부르심이 환희와 고난으로 이어질 것인가 아니면 새 왕국과 영원한 통치로 이어질 것인가다. 이 문제는 보다 시간 여유가 있을 때를 위해 남겨 두기로 하고, 오늘은 당신이 죽음 이후에 예수님처럼 되리라는 것, 즉 무덤에서 나오리라는 것을 기억하기로 하자.

> 그러나 우리의 시민권은 하늘에 있는지라 거기로부터 구원하는 자 곧 주 예수 그리스도를 기다리노니 그는 만물을 자기에게 복종하게 하실 수 있는 자의 역사로 우리의 낮은 몸을 자기 영광의 몸의 형체와 같이 변하게 하시리라(빌 3:20-21).

당신의 몸은 몹시 피로하고 지쳤다. 관절이 쑤시고 근육은 뭉쳤다. 건강하고 튼튼하던 날들은 지나갔다. 폭풍이 몰아쳤고, 그리하여 이 낡은 텐트에 구멍이 숭숭 뚫렸다. 찬 기운이 구멍으로 들어오고 텐트는 바람에 기울어졌다. 이제 더는 예전처럼 튼튼하지 않다.

아니, 어쩌면 당신의 몸은 건강했던 적이 없었는지도 모른다. 눈이 잘 보인 적이 없었고, 귀가 잘 들린 적이 없었다. 걸음걸이가 똑바른 적이 없었고, 심장 박동이 안정적이었던 적이 없었다. 당신에게 없는 건강을 다른 사람들은 당연시하는 것을 보았다. 휠체어를 타고, 의사들을 만나고, 병원에 입원하고, 주삿바늘에 찔리는 생활을 반복하며 살아왔다. 앞으로 남은 생애에 또 다른 병에 걸리지만 않아도 행복할 것이다. 단 하루만이라도 건강한 몸으로 지낼 수만 있다면 당신은 무엇이든… 그렇다, 무엇이든 내어 줄 수 있을 것이다. 만약 현재 이런 상태라면 잠시 하나님이 당신의 마음에 말씀하시게 하라. 빌립보서 3장 21절을 다시 읽어 보라.

> 그는 만물을 자기에게 복종하게 하실 수 있는 자의 역사로 우리의 낮은 몸을 자기 영광의 몸의 형체와 같이 변하게 하시리라(빌 3:21).

다른 번역본도 읽어 보자.

> 그분이 오시면 모든 것을 자기에게 복종시키실 수 있는 그 능력으로 우리의 천한 몸을 변화시켜 자기의 영광스러운 몸과 같게 하실 것입니다(빌 3:21, 현대인의 성경).

> 그분은 만물을 복종시킬 수 있는 권능으로 우리의 비천한 몸을 변화시키셔서, 자기의 영광스러운 몸과 같은 모습이 되게 하실 것입니다(빌 3:21, 새번역).

> 그분은 우리의 죽을 몸을 변화시키셔서, 그분의 영광스런 몸과 같이 바꾸어 주실 것입니다. 모든 만물을 다스리시는 그분의 능

력이 우리를 변화시키실 것입니다(빌 3:21, 쉬운 성경).

표현은 조금씩 다르지만, 약속은 같다. 당신의 몸은 변화될 것이다. 본래 지음받은 대로 온전하게 건강한 모습을 그려 보라. 이 지구가 본래 의도된 대로 온전하게 평화로운 모습을 그려 보라. "그때에 이리가 어린 양과 함께 살며 표범이 어린 염소와 함께 누우며 송아지와 어린 사자와 살진 짐승이 함께 있어 어린아이에게 끌리며"(사 11:6). 사자는 으르렁거리지 않고, 곰은 공격하지 않으리라. 누구도, 그 무엇도 들고일어나지 않으리라. 다음 시대는 평화로우리라. 모두가 기쁜 마음으로 하나님을 경외할 것이기에.

다시 저주가 없으며(계 22:3).

다시는 갈등이 없을 것이다. 다시는 하나님 앞에 수치가 없을 것이다. 다시는 사람들 사이에 긴장이 없을 것이다. 다시는 사망이 없을 것이다. 다시는 저주가 없을 것이다. 그리고 저주가 없기에 하나님의 사람들과 우주가 본래 의도된 상태로 돌아올 것이다. 유혹자인 사탄은 "마귀와 그 사자들을 위하여 예비된 영원한 불에"(마 25:41) 던져질 것이다. 그 순간 "사망을 삼키고 이기리라"(고전 15:54)는 말씀이 이루어질 것이다.

이것이 그리스도인의 소망이다. 당신에게 이 같은 소망이 있는가? 이 소망을 갖는 것이 좋지 않겠는가? 당신의 목적지를 아는 것이 좋지 않겠는가?

여행자들은 자신의 목적지를 안다. 나는 비행기를 타고 가다가 사람들과 대화를 나눈 적이 수십 번이다. 내가 "어디로 가시나요?" 하고 물었을 때 그들에게는 늘 대답할 말이 있었다. "잘 모르겠어요. 그냥 여행을 즐기는 중이에요"라든가 "글쎄요, 나중에 내려서 둘러보면 알겠지요"라고 대답하는 사람은 없었다.

비행기를 타는 모든 여행자는 비행의 목적이 우리를 한 장소에서 다음 장소로 데려다주는 것임을 안다. 삶의 목적 역시 이와 같음을 이해하는가? 당신은 기내에서 제공하는 땅콩이나 즐길 거리 그 이상을 위해 지음받았다. 당신은 본향으로 가도록 지음받았다.

그러나 그리스도는 오직 당신이 요청할 때만 당신을 영접하실 것이다. 당신이 이미 이 약속을 붙들고 있다면 그 약속 위에 굳게 서라. 그 약속이 당신의 토대를 이루게 하라. 예수 그리스도는 그분의 권능을 보여 주시기 위해서뿐만 아니라 길을 보여 주시기 위해서 살아나셨다. 그분은 당신을 인도하여 사망의 골짜기 사이를 통과하실 것이다. "사망을 삼키고 이기리라"(고전 15:54).

일전에 공원묘지 관리실에서 한 시간가량을 보낸 적이 있다. 또 한 번의 생일을 맞아 내가 세상을 떠날 날이 다가오고 있다는 생각이 들었기 때문이다. 미리 준비를 해두는 게 좋을 것 같았다. 하지만 다시 생각해 보니, 꼭 그렇지만은 않은 것도 같다.

묘지 관리인이 내게 공원 지도와 적당한 못자리를 보여 주는 동안 한 가지 생각이 떠올랐다. 나는 그에게 말했다. "제가 정신이 나갔다고 생각하실 수도 있겠지만, 제 음성을 녹음해서 비석에 부착할 수도 있을까요? 일종의 음성 메시지 같은 거죠."

다행히도 그는 내가 정신이 나갔다고 생각하지 않고 알아봐 주겠다고 약속했다. 며칠 뒤 그에게서 좋은 소식이 왔다. "네, 가능합니다. 녹음한 메시지를 묘비 안에 삽입할 수 있어요. 버튼을 누르면 메시지가 재생되지요."

나는 그에게 감사를 표하고 작업에 들어갔다. 몇 분 만에 하고 싶은 말을 썼다. 아직 녹음을 하지는 않았다. 시험 삼아 먼저 당신에게 들려줄까 한다. 비석에는 "맥스의 음성이 듣고 싶을 때 누르세요"라는 문구가 부착된 버튼이 달려 있을 것이다. 버튼을 누르면 다음과 같은 메시지를 듣게 되리라.

와 주셔서 감사해요. 하지만 전 여기에 없고 본향에 있어요. 마침내 본향으로 돌아왔답니다. 언젠가 저의 왕이 부르시면 이 무덤이 열릴 겁니다. 이것은 임시 무덤이니까요. 만약 당신이 여기 있을 때 그런 일이 일어난다면 한쪽 옆으로 비켜서세요.

다시 한번 와 주셔서 감사해요. 당신도 떠날 때를 대비해서 미리 계획을 세우셨으면 해요. 당신을 축복하며, 맥스.

물론 조금 더 손을 봐야 한다. 하지만 표현은 달라지더라도 약속은 변하지 않는다. "사망을 삼키고 이기리라"(고전 15:54).

살아남기

다음 사항은 모두가 이해하지는 못할 수도 있다. 여기에 나오는 메시지와 약속을 이해하거나 공감하지 못할 수도 있다. 다음과 같다면 말이다.

- 나는 실패한 적이 없고, 실패한 사람들을 참을 수 없다.
- 내 삶은 새로 지은 병원처럼 위생적이고, 내 영혼은 먼지 한 톨 없이 깨끗하다.
- 나는 하나님과 내가 한편인 게 하나님을 위해 다행이라고 생각하는 열심당원이다.
- 나는 완벽한 가정과 완벽한 직장, 아무 문제 없는 삶을 꿈꿔왔고, 그 전부를 이뤘다.

- 나는 눈물로 베개를 적셔본 적이 없고, 고통 가운데 기도해 본 경험이 없으며, 한 치의 의심도 없는 확고한 믿음을 가졌다.

당신이 슬픔과 두려움을 모르고, 타인의 이러한 감정 또한 이해하지 못한다면 이 장이 외국어처럼 들릴지 모르겠다. 이 장은 고통에 대한 대처와 살아남는 법을 다루기 때문이다. 다음의 글은 세상에 우뚝 선 사람들이 아니라 무너지고 갇힌 사람들을 위해 쓰였다. 이런 묘사에 공감할 수 있다면 마태복음으로 돌아가 확신을 얻으라. 마태복음 24장에 대해 조금이라도 안다면, 이 말이 놀랍게 느껴질 것이다. 당신은 마태복음 24장을 종말론자들의 산책로 또는 캠핑장 정도로 기억하고 있을 테니.

이 장은 그런 평판을 얻을 만하다. '감람산 강화(Olivet Discourse)'로 알려진 이 예언은 그리스도의 종말 선언이다. 학자들은 이 한 장에 관해 여러 책을 썼다. '예수님이 무슨 말씀을 하고 계시는가?'라는 질문에 답하기 위함이었다. 이 장에는 "난리와 난리 소문을 듣겠으나"라든가 "그날에는 아이 밴 자들과 젖 먹이는 자들에게 화가 있으리로다" 같은 불길한 예언이 등장한다. 해가 어두워지고 달이 빛을 내지 않으며, 독수리가 시체 주위를 맴돌고 번개가 하늘을 가르는 등의 섬뜩한 묘사가 이어진다. 이것을 어떻게 설명할 것인가?

어떤 사람들은 이 장 전체가 상징적이며, 문자 그대로 해석할 필요가 없다고 한다. 어떤 사람들은 이 장이 예루살렘의 파괴와 그리스도의 재림을 다루고 있다고 한다. 또 다른 사람들은 이 장에는 한 가지 목적이 있는데, 그것은 바로 우리를 최후의 심판에 대비하게 하는 것이라고 말한다.

우리는 두 가지를 확실하게 안다. 첫째, 예수님은 장차 있을 정치와 사회적 대격변에 제자들이 대비하도록 하시는 중이다. 환난에 관한 예수님의 말씀은 예루살렘이 로마에 무릎을 꿇었던 주후 70년에도 진실한 울림을 주었고, 미래에 예수님이 역사에 마침표를 찍고 그분의 자녀들을 데리러 오실 때에도 진실한 울림을 띨 것이다.

그러나 우리는 또한 이러한 대격변이 예루살렘과 세상의 끝 날에만 일어나는 게 아님을 안다. 굶주린 몸과 냉랭한 마음은 지금도 쉽게 발견할 수 있다. 예수님의 이 조언은 로마와의 전쟁이나 종말의 날에만 유효한 게 아니다. 당신의 세계와 나의 세계에서 벌어지는 전쟁에도 유효하다.

만약 내게서 그리스도 재림의 날에 관한 예언을 기대했다면 미안하다. 그런 내용은 이 책에서 찾아볼 수 없을 것이다. 예수님은 그날이 언제인지 알려 주지 않으셨으며, 따라서 그때가 언제일지 생각하면서 시간을 보내는 것은 지혜롭지 못하다. 하지만 예수님은 포위 공격을 당했을 때를 대비해 생존 매뉴얼을 주셨다. "예수께서 성전에서 나와서 가실 때에 제자들이 성전 건물들을 가리켜 보이려고 나아오니 대답하여 이르시되 너희가 이 모든 것을 보지 못하느냐 내가 진실로 너희에게 이르노니 돌 하나도 돌 위에 남지 않고 다 무너뜨려지리라"(마 24:1-2).

성전이 유대인들에게 어떤 의미였는지는 아무리 강조해도 지나치지 않을 것이다. 성전은 하나님과 인간이 만나는 장소였다. 성전은 속죄와 희생제, 제사장직을 나타냈으며 이스라엘 백성의 마음을 상징하는 구조물이었다. 흰 대리석과 금으로 장식한 성전은 찬란했다. 햇빛에 반사된 성전은 눈이 부실 만큼 반짝거렸다. 성전을 둘러싼 포치에는 커다란 대리석 기둥이 늘어서 있었는데, 기둥의 높이는 37.5피트(11.43미터)에 이르고 둘레는 성인 남성 셋이 팔을 벌리고 서도 서로 손이 닿을락 말락 할 정도였다. 또한 고고학자들은 높이가 20-40피트(6.09-12.19미터)에 무게가 400톤 이상 나가는 성전 초석들을 발견했다.[1] 예수님을 따르던 사람들에게 이것이 얼마나 인상적으로 다가왔을까? 그들은 절로 입이 벌어졌을 것이다. 그러나 그들이 눈으로 본 것보다 더 놀라운 것은 귀로 들은 예수님의 말씀이었다. "내가 진실로 너희에게 이르노니 돌 하나도 돌 위에 남지 않고 다 무너뜨려지리라"(마 24:2).

마태복음 24장 서두에 나오는 간결한 문구에서는 비통함이 느껴진다. "예수께서 성전에서 나와서 가실 때에"(마 24:1). 예수님은 성전으로부터 등을 돌리셨다.[2] 성전 건축을 바라셨던 분이 성전에서 나오셨다. 거룩하신 이가 성산(聖山)을 떠나셨다. 예수님은 제자들에게 "모든 것이 무너지리라"[3]고 말씀하셨다.

성전이 무너진다는 말은 나라가 무너진다는 말과도 같았다. 성전은 곧 이스라엘 백성이었다. 천년이 넘는 세월 동안 성전은 이스라엘의 심장부였는데, 이제 예수님은 그 심장부가 무너지리라고 말씀하신 것이다. 예수님은 그날 이미 "너희 집이 황폐하여 버려진 바 되리라"[4] 하고 바리새인들에게 말씀하신 터였다.

그리고 성전은 무너져 내렸다. 주후 70년에 로마의 장군 티투스가 예루살렘을 포위했다. 산 위에 있던 예루살렘은 함락시키기가 어려웠기에 티투스는 성안의 사람들을 공격하기로 했다. 기아의 공포에 떨던 그날은 이스라엘 역사의 암울한 날로 기록된다. 역사가 요세푸스의 말을 들어보자.

집집마다 기아가 온 가족을 삼켰다. 다락방에는 굶어 죽어가는 여자들과 어린아이들이 가득했고, 예루살렘 거리에는 노인들의 시체가 즐비했으며, 아이들과 젊은이들은 굶주려서 부풀어 오른 몸으로 그림자처럼 저잣거리를 배회하다가 비참한 운명과 맞닥뜨린 곳 아무 데서나 쓰러져 죽었다. … 기아는 모든 자연스러운 감정을 앗아갔다. 죽음을 앞둔 사람들은 그들보다 먼저 안식을 얻은 사람들을 멍한 눈과 벌린 입을 하고 바라보았다. 또한 깊은 침묵과 끔찍한 밤이 도시를 에워쌌으며 … 그들 모두가 성전에 시선을 고정한 채 죽어갔다.[5]

이 홀로코스트에서 9만 7천 명이 사로잡히고 110만 명이 살해당했다. 예수님이 예견하신 바가 바로 이것이다. 예수님이 바로 이 같은 재난으로부터 제자들을 대비하게 하신 것이다. 이 재난은 당신의 세계 역시 강타할 수 있다. 예수님은 "세상에서는 너희가 환난을 당할 수 있다"거나 "세상에서는 환난을 당하는 사람들이 있다"고 말씀하시지 않았다. "세상에서는 너희가 환난을 당하나"라고[6] 확실하게 말씀하셨다. 당신의 맥박이 뛰는 한 당신은 고통을 받을 것이다. 이러저러한 문제에 시달릴 것이다. 마태복음 24장에서 예수님은 장차 어떤 일이 일어날지 말씀하심으로써 다가올 재난에 대비하게 하신다.

> 많은 사람이 내 이름으로 와서 이르되 나는 그리스도라 하여 많은 사람을 미혹하리라 난리와 난리 소문을 듣겠으나 너희는 삼가 두려워하지 말라 이런 일이 있어야 하되 아직 끝은 아니니라 민족이 민족을, 나라가 나라를 대적하여 일어나겠고 곳곳에 기근과

지진이 있으리니 이 모든 것은 재난의 시작이니라 그때에 사람들이 너희를 환난에 넘겨 주겠으며 너희를 죽이리니 너희가 내 이름 때문에 모든 민족에게 미움을 받으리라(5-9절).

예수님은 우리가 살아가게 될 삶에 대해 솔직하게 말씀하신다. 우리가 예수님께 속해 있다고 해서 해를 입지 않으리라는 보장은 없다. 성경 어디에서도 왕을 따를 때 전쟁을 면한다는 약속은 찾아볼 수 없다. 오히려 그 반대의 상황이 종종 발생한다. 우리는 어떻게 전쟁에서 살아남을 것인가? 어떻게 환난을 견딜 것인가?

예수님은 확실한 세 가지를 말씀하신다. 세 가지 확신을 주시고 약속하신다. 예수님이 몸을 앞으로 숙이시고 제자들의 휘둥그레진 눈을 들여다보며 말씀하시는 모습을 상상해 보라. 제자들이 어떤 힘난한 일을 겪을지 아시는 예수님은 그들에게 올바른 길을 안내할 나침반 세 개를 주신다.

첫째, 예수님은 승리에 대한 확신을 주신다. "그러나 끝까지 견디는 자는 구원을 얻으리라"(마 24:13). 예수님은 성공하면 구원받는다거나 세상에 우뚝 서면 구원받는다고 하시지 않는다. 견디면 구원받는다고 말씀하신다. 정확한 번역은 "끝까지 버티면… 끝까지 가면"일 것이다. 브라질에는 이를 잘 표현해 주는 단어가 있다. 브라질에서는 포기하지 않고 버티는 능력을 지닌 사람을 가리켜 '가라'가 있다고 한다. '가라'는 '갈고리' 또는 '발톱'을 뜻한다. 이 얼마나 생생한 이미지인가! 가라가 있는 사람은 벼랑에서 떨어지지 않도록 벼랑 측면에 굴을 파고 들어간다. 구원받은 사람들도 마찬가지다. 벼랑 끝으로 내몰릴 수 있다. 넘어지고 미끄러질 수 있다. 그러나 그들은 하나님의 반석에 매달릴 것이다. 예수님은 당신에게 이 같은 확신을 주신다. 예수님을 꼭 붙잡으면 그분은 당신을 본향으로 데려가실 것이다.

둘째, 예수님은 성취에 대한 확신을 주신다. "이 천국 복음이 모든 민족에게 증언되기 위하여 온 세상에 전파되리니"(마 24:14).

마지막으로, 예수님은 우리에게 완성에 대한 확신을 주신다. "그제야 끝이 오리라"(마 24:14).

데살로니가전서 4장 16절에는 흥미로운 구절이 나온다. "주께서 호령과 천사장의 소리와 하나님의 나팔 소리로 친히 하늘로부터 강림하시리니." 당신은 이 호령이 어떤 것일지 생각해 본 적이 있는가? 하늘나라에서 가장 먼저 들려오는 소리일 것이다. 대부분이 하나님께 듣는 첫 번째 메시지일 것이다. 한 시대를 마감하고 새 시대를 여는 소리일 것이다. 나는 그 호령이 무엇인지 알 것 같다. 물론 내 생각이 틀렸을 수도 있지만, 나는 이 땅에서의 고통이 끝나고 천국의 기쁨이 시작됨을 알리는 그 호령이 다음의 두 단어일 것이라고 생각한다.

"다시는 없으리라(No more)."

만왕의 왕이 못 박힌 손을 들고 선언하실 것이다.

"다시는 없으리라."

천사들이 서 있는 가운데 아버지께서 말씀하실 것이다.

"다시는 없으리라."

모든 사람이 시선을 하늘로 향한 채 하나님이 선포하시는 것을 들을 것이다.

"다시는 없으리라."

다시는 외로움이 없을 것이다. 다시는 눈물 흘리는 일이 없을 것이다. 다시는 사망이 없을 것이다. 다시는 슬픔이 없을 것이다. 다시는 시련이 없을 것이다. 다시는 고통이 없을 것이다. 요한이 친구들과 떨어져서 바다로 둘러싸인 밧모섬에 있을 때 그는 하나님이 "다시는 없으리라"라고 말씀하시는 날이 오기를 꿈꾸었다. 반세기 전에 예수님이 하신 이 확신의 말씀을 들은 요한은 이제 그 의미를 알게 되었다. 어쩌면 그는 기억 속에서 예수님의 음성을 듣지 않았을까?

"그제야 끝이 오리라."

이 세상을 바라보고 사는 사람들에게 이것은 나쁜 소식이다. 그러나 장차 올 세상을 바라보고 사는 사람들에는 위로가 되는 약속이다.

우리는 험한 세상에 살아가고 있지만, 친구여, 더 좋은 세상으로 옮겨갈 날이 머지않다. "세상에서는 너희가 환난을 당하나…." 삶의 급류에 휘말리게 되거든 예수님이 주시는 확신의 말씀을 기억하라.

견디는 자는 구원을 얻을 것이다.

복음이 전파될 것이다.

끝이 올 것이다.

이것을 믿으라.

말씀과 삶을 잇는 묵상 질문

1. 부모나 교사, 목회자로부터 죽음에 대해 어떻게 배웠는가?
   - 지금은 죽음을 어떻게 생각하는가?

   - 우리가 죽으면 우리의 몸과 영혼은 어떻게 될까?

2. 예수님 무덤의 정확한 위치는 알려져 있지 않지만, 어떤 사람들은 오늘날 '정원 무덤'이라고 불리는 곳에 예수님의 무덤이 있었으리라고 믿는다. 이곳은 예루살렘 성벽 바로 바깥의 커다란 해골 모양 바위 근처에 있는 작은 정원이다. 무덤의 자그마한 입구는 천장이 낮은 동굴로 이어진다. 동굴 벽에 십자군 시대의 십자가가 그려진 것으로 보아 수백 년간 그리스도인들이 이곳을 예수님의 무덤으로 여겨왔음을 알 수 있다.
   - 마태복음 28장 2-6절을 읽으라. 예수님이 십자가에 달리신 후 그분의 몸에 어떤 일이 일어났는가?

   - 빌립보서 3장 20-21절을 읽으라. 죽은 후에 우리 몸에는 어떤 일이 일어나는가?

   - 당신은 몸에 대해 어떻게 느끼는가? 튼튼하고 건강해서 마음에 드는가? 오랫동안 병들어 있어서 마음에 안 드는가? 아니면 지금과 달랐으면 하는가? 만약 그렇다면 어떻게 달라지면 좋겠는가?

   - 빌립보서의 이 구절은 미래에 대해 어떤 약속을 주는가?

- 그 약속은 오늘 당신이 몸에 대해 느끼는 방식을 어떻게 변화시키는가?

3. 마태복음 24장을 읽으라.
   - 어떤 이미지가 떠오르는가?

   - 학자들과 신학자들은 이 장에 관한 다양한 해석을 제시한다. 맥스 루케이도는 우리가 이 장에 대해 확실히 알 수 있는 것 두 가지를 말한다(p.198). 그것은 무엇인가?

4. 성전은 AD 70년에 무너질 때까지 예루살렘의 중심지였다.
   - 유대인들에게 성전은 어떤 의미였는가?

   - 당신의 '성전' 즉 그것이 무너지면 당신도 무너질 것 같은, 인생의 초석은 무엇인가?

   - 어쩌면 당신의 성전은 이미 무너졌는지도 모르겠다. 삶이 엉망이 되고 모든 게 달라졌는지도 모르겠다. 당신에게 그런 경험은 무엇이었는가?

5. 마태복음 24장 13-14절에서 예수님은 어떤 세 가지 약속을 주셨는가? 이 약속은 당신의 성전이 무너진 경험이나 현재 당신이 직면한 시련과 관련하여 어떤 소망을 주는가?

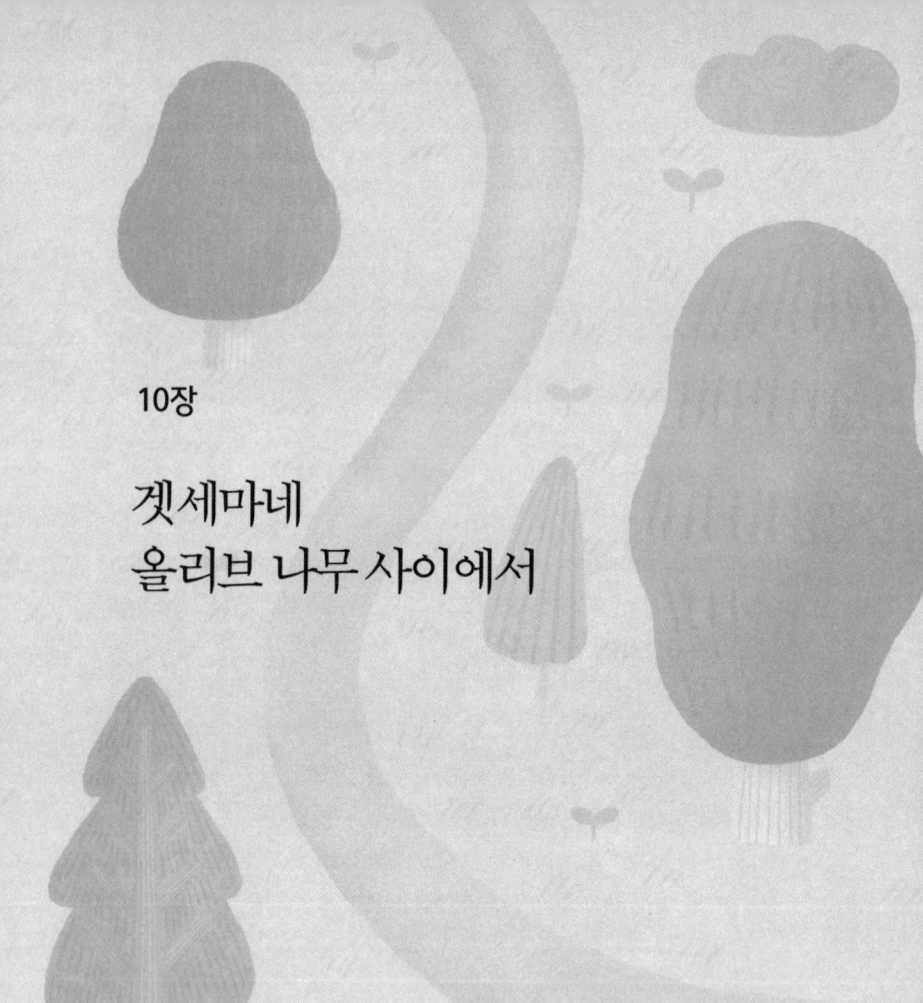

10장

겟세마네
올리브 나무 사이에서

당신에게 최악의 두려움은 무엇인가? 많은 사람 앞에서 실수하는 것인가? 실직인가? 좋은 배우자를 만나지 못하거나 건강에 이상이 생기는 것인가? 덫에 갇히거나 버려지거나 잊히는 것인가?

이런 것들은 실제적인 우려에서 비롯된 진짜 두려움이다. 하지만 그냥 내버려 두면 강박관념으로 전이된다. 신중함과 편집증은 종이 한 장 차이다. 신중함은 안전벨트를 매게 하지만 편집증은 차에 타는 것 자체를 피하게 한다. 신중함은 비누로 손을 씻게 하지만 편집증은 다른 사람들과의 접촉을 피하게 한다. 신중함은 노후를 대비해 저축하게 하지만 편집증은 쓰레기조차 버리지 않고 모으게 한다. 신중함은 준비하고 계획하게 하지만 편집증은 공황에 빠지게 한다. 신중함은 위험도를 계산하여 물에 뛰어들게 하지만 편집증은 아예 물에 들어가지 않게 한다.

얼마나 많은 사람이 물가에서 주저주저하다가 결국 물에 들어가기를 포기하는가? 그들은 다른 사람들을 통해 간접 경험하는 삶으로 만족한다. 모험을 꺼린다. 최악의 상황에 대한 두려움 때문에 최고의 삶을 즐기지 못한다.

예수님은 두려움을 모르시는 분이 아니었으며, 두려움에 대해 단지 말씀만 하신 게 아니라 직면하셨다. 복음의 드라마에 등장하는 결정적인 행동은 두 개의 무대, 즉 겟세마네 동산과 골고다의 십자가에서 펼쳐진다. 금요일의 십자가는 가장 끔찍한 고통을 목격했다. 목요일의 겟세마네 동산에는 크나큰 두려움이 임했다. 바로 이곳, 겟세마네의 올리브 나무 사이에서 예수님은 "땅에 엎드리어 될 수 있는 대로 이 때가 자기에게서 지나가기를 구하여 이르시되 아빠 아버지여 아버지께는 모든 것이 가능하오니 이 잔을 내게서 옮기시옵소서 그러나 나의 원대로 마시옵고 아버지의 원대로 하옵소서" 하고 말씀하셨다(막 14:35-36).

한번은 어떤 독자가 성경의 이 대목에 대해 내가 쓴 글이 마음에 들지 않는다며 전화도 하고 직접 찾아오기도 했다. 그는 내가 그리스도를 "두려움이 가득한 커다란 눈"[1]을 하신 분으로 묘사했다고 불만을 표시했다. 나는 그에게 혹 불만이 있으면 우리보다 높은 존재를 찾아가 따져야 한다고 말해 주었다. 예수님을 창백한 얼굴을 하고 떨고 계시는 모습으로 묘사한 이는 복음서 저자 마가다. "베드로와 야고보와 요한을 데리고 가실새 심히 놀라시며 슬퍼하사"(막 14:33). '심히 놀라다(horror)'는 말은 "장차 있을 두려운 상황에 동요하고 고뇌하는 사람, 무력하여 어찌할 바를 몰라 하는 사람을 표현하는 데 사용된다."[2]

마태도 동의한다. 그는 예수님을 다음과 같이 묘사한다.

고민하고 슬퍼하사(마 26:37).³
몹시 괴로워하시며(현대인의 성경).
슬픔에 잠겨 괴로워하셨습니다(우리말 성경).

우리는 예수님의 이런 모습을 본 적이 없다. 갈릴리 바다의 폭풍우 속에서도, 귀신 들린 사람이 사는 공동묘지에서도, 나사렛의 절벽 가장자리에서도 예수님은 두려워하지 않으셨다. 우리는 예수님이 두려움으로 인해 이토록 절규하시고 이토록 커다란 눈을 하신 모습을 본 적이 없다. "예수께서 두려움과 깊은 근심에 빠지셨다"(마 14:33, 메시지) 같은 문장을 본 적도 없다. 육신이 되신 하나님은 두려움으로 가득 차셨다. 왜일까? 예수님은 무엇을 두려워하셨을까?

그것은 잔과 관련이 있다. "이 잔을 내게서 옮기시옵소서"(눅 22:42). 성경에서 잔은 무언가를 마실 때 사용하는 그릇 이상의 의미를 지닌다. 잔은 하나님의 분노와 심판, 벌을 상징한다. 하나님은 믿음을 저버리고 고통받는 예루살렘을 동정하시며 이렇게 말씀하셨다. "보라 내가 비틀걸음 치게 하는 잔 곧 나의 분노의 큰 잔을 네 손에서 거두어서 네가 다시는 마시지 못하게 하고"(사

51:22). 또한 예레미야를 통해 열방이 분노의 잔을 마시게 되리라고 선언하셨다. "너는 내 손에서 이 진노의 술잔을 받아가지고 내가 너를 보내는 바 그 모든 나라로 하여금 마시게 하라"(렘 25:15). 요한에 의하면 하나님을 저버리는 사람들은 "하나님의 진노의 포도주를 마시리니 그 진노의 잔에 섞인 것이 없이 부은 포도주와 거룩한 천사들 앞과 어린 양 앞에서 불과 유황으로 고난을" 받을 것이다(계 14:10).

잔은 최악의 시나리오, 즉 하나님의 진노가 그분께 쏟아지는 것을 의미했다. 예수님은 하나님의 분노를 느끼신 적이 없었으니, 이는 예수님께 합당하지 않으셨기 때문이다. 그분은 아버지로부터의 분리를 경험하신 적이 없었으니, 아버지와 아들은 영원히 하나이시기 때문이다. 예수님은 육체의 죽음을 알지 못하셨으니, 그분은 영생하는 분이시기 때문이다. 그러나 몇 시간 뒤 예수님은 그 모든 것에 직면하실 터였다. 하나님은 죄로 덮인 아들에게 죄에 대한 분노를 쏟아내실 터였다. 예수님은 두려우셨고, 심히 두려우셨다. 예수님이 두려움을 다루신 방식은 우리가 두려움을 어떻게 다뤄야 할지 보여 준다.

예수님은 기도하셨다. 예수님은 제자들에게 말씀하셨다. "내가 저기 가서 기도할 동안에 너희는 여기 앉아 있으라"(마 26:36). 한 번의 기도로는 충분하지 않으셨다. "다시 두 번째 나아가 기도하여 … 세 번째 같은 말씀으로 기도하신 후"(42, 44절). 심지어 제자들에게 기도 요청을 하시기까지 했다. "시험에 들지 않게 깨어 기도하라 마음에는 원이로되 육신이 약하도다"(41절).

예수님은 궁극의 두려움에 직면하여 솔직하게 기도하셨다.

이 주제에 대해 너무 복잡하게 생각하지 말자. 우리는 너무 복잡하게 생각하는 경향이 있다. 우리는 기도할 때 해야 할 말과 기도 장소, 기도할 때의 복장과 자세 등을 미리 생각한다. 그러나 겟세마네 동산에서의 예수님의 기도는 이런 것들과 상관이 없었다. 예수님의 기도는 간결하고(영어로 스물여섯 자도 안 된다), 솔직하고("이 잔을 내게서 지나가게 하옵소서"), 믿음에 기초한("그러나 나의 원대로 마시옵고 아버지의 원대로 하옵소서") 것이었다. 미사여구는 적고 진정성이 가득한 기도였다. 언변이 뛰어난 성도가 교회에서 드리는 기도와 겁에 질린 어린아이가 아버지 무릎에서 드리는 기도의 중간쯤 된다고나 할까.

그렇다, 겟세마네에서 예수님이 하신 기도는 어린아이의 기도였다. 그분은 어린아이가 아버지 무릎 위에 올라 앉으며 하듯이 "아빠"라고 부르며 기도하셨다.

어릴 적 나의 아버지는 운전을 하는 동안 내가 무릎에 기어 올라가도록 두셨다! 요즘 같으면 당연히 붙잡혀 갔을 것이다. 나는 아버지 무릎에 앉아서 가는 게 너무나도 좋았다. 내가 계기판을 읽지 못하는 게 문제가 되었을까? 내 다리가 브레이크와 가속 페달에서 60센티미터쯤 떨어져 있는 게 문제가 되었을까? 내가 라디오와 기화기를 구분하지 못하는 게 문제가 되었을까? 전혀 아니었다.

심지어 아버지는 내게 일정을 정하게 하실 때도 있었다. 아버지는 교차로에서 "왼쪽 길로 갈까, 오른쪽 길로 갈까?" 하고 내게 묻곤 하셨다. 그러면 나는 주근깨 가득한 얼굴을 들고 운전대 너머로 바깥을 바라보고는 어디로 갈지 결정하곤 했다. 그것도 신이 나서 몬테카를로의 카레이서처럼 운전대를 두드려 가며 말이다.

내가 차가 도랑에 처박히는 것을 두려워했을까? 곡선 도로에서 차가 전복될까 봐 두려워했을까? 차 바퀴가 웅덩이에 빠져 헛돌까 봐 두려워했을까? 전혀 아니었다. 아버지의 손이 내 손 옆에 있었고, 아버지의 눈은 내 눈보다 예리했다. 따라서 나는 전혀 두렵지 않았다! 아버지 무릎 위에서라면 누구라도 차를 운전할 수 있다.

그리고 같은 관점에서 누구라도 기도할 수 있다.

기도는 하나님의 무릎에 차분히 앉아 우리의 손을 하나님의 운전대 위에 올려 놓는 연습이다. 하나님이 속도를 조절하시고 어려운 곡선 도로를 운전해서 우리를 안전하게 목적지로 인도하신다. 그러고는 우리는 하나님께 요청한다. 이 잔을 지나가게 해달라고.

이 질병이나 배신, 파산, 실직, 갈등, 노쇠의 잔을 지나가게 해달라고. 기도는 이토록 단순하다. 그리고 그런 단순한 기도는 예수님으로 하여금 그분의 가장 깊은 두려움을 들여다보게 했다.

예수님처럼 하라. 겟세마네 동산에서 당신의 용과 맞서 싸우라. 마음속의 그 끈질기고 추한 악당들과 싸워라. 그들에 대해 하나님께 말씀드리라.

"배우자를 잃고 싶지 않습니다. 주님. 조금 덜 두려워하고 조금 더 주님을 신뢰하도록 도와주세요."

"주님, 내일 비행기를 타야 하는데, 비행기에 테러리스트가 탈까 두려워 잠이 안 옵니다. 이 두려움이 사라지게 해주세요."

"은행 대출금을 갚지 못해서 집이 넘어가게 생겼습니다. 이제 우리 가족은 어떻게 되는 걸까요? 제가 믿음을 가질 수 있게 도와주세요."

"두렵습니다, 주님. 방금 병원에서 전화가 왔는데, 안 좋은 소식이에요. 제 앞에 무엇이 기다리고 있는지 주님은 아십니다. 제 두려움을 주님께 맡깁니다."

당신의 두려움을 구체적으로 아뢰라. '이 잔'이 무엇인지를 확실히 한 후, 거기에 대해 하나님께 말씀드리라. 걱정을 말로 옮기면 그 무게가 줄어든다. 심지어 걱정했던 게 우습게 느껴지기까지 할 것이다.

두려움에 대해 하고 싶은 말이 있다. 두려움은 삶의 유일한 진짜 적이다. 오직 두려움만이 삶을 무너뜨릴 수 있다. 두려움은 영리하고 위험한 적이다. 그것을 나는 아주 잘 안다. 두려움은 품위가 없고, 법이나 관습을 존중하지 않으며, 자비를 모른다. 두려움은 아주 쉽게 당신의 가장 약한 부분을 파고든다. 두려움은 늘 당신의 마음속에서 시작한다. 당신은 한순간은 차분하고 행복하지만, 다음 순간 가벼운 의심의 옷을 걸친 두려움이 스파이처럼 당신의 마음속에 잠입한다. 당신의 마음은 의심을 믿지 않고 몰아내려 하지만, 그 믿지 않는 마음은 무장을 제대로 갖추지 못한 보병이다. 의심은 별 어려움 없이 그 보병을 처치하고, 당신은 염려하기 시작한다. 그때 이성이 당신을 도우러 온다. 당신은 안심한다. 이성은 최신 무기로 무장하고 있다. 그러나 놀랍게도 이성은 뛰어난 전략과 부인할 수 없는 수많은 승리에도 불구하고 힘을 쓰지 못한다. 당신은 혼란에 빠진다. 당신의 염려는 두려움이 된다. … 당신은 성급한 결정을 내린다. 마지막 동맹군인 희망과 믿음을 등지는 것이다. 그렇게 해서 당신은 스스로를 무너뜨린다. 하나의 인상에 불과한 두려움이 당신에게 승리를 거둔다.[4]

두려움은 이성으로 해결할 수 있는 게 아니다. 논리로는 두려움을 설득해서 떠나보낼 수 없다. 그렇다면 무엇으로 두려움을 없앨 수 있을까? 어떻게 해야 두려움에 굴복하지 않을 수 있을까?

커튼을 젖히고 우리의 두려움을 일일이 다 드러내는 것이 우리가 해야 할 일이다. 두려움은 뱀파이어처럼 햇빛을 견디지 못한다. 재정의 두려움, 관계의 두려움, 직업에 대한 두려움, 안전과 관련한 두려움… 이 모든 두려움을 기도로 소환하라. 그것들을 마음속에서 끌어내어 하나님 앞에 세우라!

예수님은 사람들 앞에서 두려움을 드러내셨다. "그는 육체에 계실 때에 자기를 죽음에서 능히 구원하실 이에게 심한 통곡과 눈물로 간구와 소원을" 올리셨다(히 5:7). 예수님은 주변 사람들이 그분의 기도를 듣고 받아적을 수 있을 만큼 큰 소리로 기도하셨으며, 제자들에게 함께 기도해 주기를 요청하셨다.

겟세마네에서 드리신 예수님의 기도는 그리스도인들에게 행동하는 교회(그 안에서 두려움을 말할 수 있고 내쫓을 수 있으며, 억눌러 놓은 두려움의 "고요한 어둠"[5]으로부터 탈출할 수 있는)의 모습을 보여 준다.

건강한 교회는 두려움이 사라지는 곳이다. 우리는 성경 말씀으로, 찬양과 비탄의 시편으로 두려움을 꿰뚫는다. 고백의 햇빛으로 두려움을 녹이고, 두려움이 아니라 하나님을 바라보며 예배의 폭포수로 두려움을 없앤다.

다음번에 최악의 두려움에 직면하거든 당신의 염려를 믿을 만한 크리스천 지체에게 털어놓으라. 이것은 필수 단계다.

당신의 베드로와 야고보, 요한을 찾으라. 중요한 그리고 좋은 소식은 당신이 홀로 두려움을 안고 살 필요가 없다는 것이다. 게다가 두려움이 마귀의 장난 외에 아무것도 아니라면 어떻겠는가? 지옥에서 비롯된, 기쁨을 앗아가는 장난에 불과하다면 어떤가?

하나님을 따르는 당신과 나에게는 크나큰 자산이 있다. 우리는 결국 모든 게 괜찮으리라는 것을 안다. 그리스도는 보좌에서 밀려나지 않으셨고, 로마서 8장 28절은 성경에서 사라지지 않았다. 우리에게 문제인 것이 예수님께는 늘 가능성이 되신다. 요셉이 팔려간 것은 그의 가족을 보호하는 결과를 가져왔다. 다니엘이 받은 박해는 그가 높은 지위에 오르게 하는 결과를 불러왔다. 동정녀의 몸으로 오신 그리스도는 죽음으로써 세상을 구원하셨다. 우리는 성경이 가르치는 것을 믿는가? 그 어떤 재앙도 궁극적으로는 위협이 되지 않음을 믿는가?

크리소스토무스는 그랬다. 주후 398년부터 404년까지 콘스탄티노플의 대주교를 지낸 그는 부유하고 권세 있는 사람들에 대한 강력한 비판으로 열렬한 지지를 얻었다. 당국에 의해 두 번 추방당한 그는 이렇게 물었다.

내가 무엇을 두려워할 수 있겠습니까? 죽음이요? 그러나 여러분은 그리스도가 나의 생명이시며, 내가 죽는 것이 오히려 내게 유익하다는 것을 압니다. 추방이요? 하지만 세상 만물이 다 주의 것입니다. 부의 상실이요? 하지만 우리는 이 세상에 태어날 때 아무것도 가지고 오지 않았으며, 죽을 때에도 아무것도 가지고 갈 수 없습니다. 따라서 내 눈에는 이 세상의 모든 무시무시한 것들이 다 우습게 보입니다. 나는 가난을 두려워하지 않고, 부를 갈망하지 않습니다. 나는 죽음 앞에 움츠러들지 않습니다.[6]

사도 바울이라면 이 대목에서 박수를 쳤을 것이다. 바울은 로마 감옥 안, 사형집행인의 발소리가 들리는 곳에서 마지막 편지를 썼다. 최악의 시나리오라고 생각하는가? 바울에게는 그렇지 않았다. "하나님께서 하늘나라에 들어가도록 나를 보살피시고 안전하게 지켜 주고 계십니다. 그분께 온갖 찬양을, 영원토록 찬양을!"(딤후 4:18, 메시지)

바울은 하나님 아버지를 믿었다.

아리스토텔레스는 죽음이야말로 가장 두려워해야 할 것이라며 "죽음은 모든 것의 끝으로 보이기"[7] 때문이라고 말했다. 장 폴 사르트르는 죽음이 "삶에서 모든 의미를 앗아간다"[8]고 주장했다. 미국의 유명한 불가지론자 로버트 그린 잉거솔은 형의 장례식장에서 그 어떤 희망적인 말도 할 수 없었다. 그는 이렇게 말했다. "인생은 을씨년스럽고 황량한 두 영원의 산봉우리 사이의 협곡이다.

우리는 헛되이 그 산봉우리 너머를 보려고 애쓴다."[9] 프랑스의 철학자 프랑수아 라블레의 비관주의도 그에 못지않게 스산하다. 그가 마지막으로 남긴 말은 "나는 불확실한 존재에게로 간다"[10]였다. 셰익스피어는 사후의 생을 햄릿의 대사를 통해 "죽음 다음에 오는 무언가에 대한 두려움, 그곳에서부터 어떤 여행자도 돌아오지 않는 미지의 나라"라고 암울하게 묘사했다.[11]

얼마나 슬프고 우울한 표현인가! 죽음이 "모든 것의 끝"이고 "황량한 산봉우리"이고 "불확실한 존재" 이상의 그 무엇도 아니라면, 어떻게 용감하게 죽음을 맞이할 수 있겠는가? 그러나 이 철학자들이 무언가 놓친 게 있다면 어찌할 것인가? 죽음이 그들이 생각한 것과 달리 저주라기보다는 통로이고, 피해야 할 위기가 아니라 돌아야 할 모퉁이라면? 묘지가 죽음의 신이 다스리는 곳이 아니라 하늘 아버지께서 다스리시는 곳이고, 그분이 어느 날 "티끌에 누운 자들아 너희는 깨서 노래하라"라고(사 26:19) 말씀하신다면?

그리스도는 이렇게 약속하셨다. "너희는 마음에 근심하지 말라 하나님을 믿으니 또 나를 믿으라 내 아버지 집에 거할 곳이 많도다 그렇지 않으면 너희에게 일렀으리라 내가 너희를 위하여 거처를 예비하러 가노니 가서 너희를 위하여 거처를 예비하면 내가 다시 와서 너희를 내게로 영접하여 나 있는 곳에 너희도 있게 하리라"(요 14:1-3).

예수님의 이 말씀은 우리에게는 편안하게 들리지만, 1세기의 청중에게는 매우 급진적으로 들렸다. 예수님은 누구도 꿈꾸거나 상상하지 못한 일을 이루겠다고 말씀하신 것이다. 그분은 죽은 자들 가운데서 살아나셔서, 그분을 따르는 사람들을 무덤에서 구원하실 것이다.

전통적인 유대주의자들은 부활에 관한 논의에서 의견이 갈렸다. "사두개인은 부활도 없고 천사도 없고 영도 없다 하고 바리새인은 다 있다 함이라"(행 23:8). 사두개인은 무덤을 스올로 가는, 다시 돌아올 수 없는 비극적인 여행으로 여겼다. 출구나 희망이 없고, 거기서 빠져나올 가능성이 없는 그런 여행. "산 자들은 죽을 줄을 알되 죽은 자들은 아무것도 모르며"(전 9:5).

바리새인은 부활을 꿈꾸었지만, 그들이 꿈꾸는 부활은 육체적인 것이 아니라 영적인 것이었다. "선지자들이 다시 살아나서 육체 가운데 새로운 삶을 살아가는 것에 관해 전해 내려오는 이야기는 없다. … 아브라함과 이삭과 야곱이 유대인들의 마음속에 얼마나 크게 자리하고 있든, 그들이 죽은 자들 가운데서 다시 살아났다고 생각하는 사람은 아무도 없다."[12]

고대 그리스 철학은 사용하는 언어는 다르나, 같은 절망을 표현했다. 그들이 상상한 죽음의 지도에는 스틱스 강과 그 강의 나루지기 카론이 포함되어 있다. 사람이 죽으면 그 영혼은 배를 타고

스틱스 강을 건너 영혼(육신이 없는)과 어둠과 그림자로 이루어진, 햇빛이 들지 않는 사후 세계로 들어간다.

예수님은 바로 이런 풍경 속으로 들어가셨다. 그러나 그분은 불확실성의 늪으로 걸어 들어가셔서 튼튼한 다리를 놓으셨다. 예수님은 단지 사후의 생이 아니라 더 나은 삶을 약속하셨다.

내 아버지 집에 거할 곳이 많도다 … 내가 너희를 위하여 거처를 예비하러 가노니(요 14:2).

우리는 이 구절에서 결혼식의 이미지를 떠올리지 못할 수 있지만, 예수님 당시의 청중은 그렇지 않았다. 이것은 신랑이 신부에게 하는 약속이었다. 양가의 허락을 받고 나면 신랑은 아버지 집으로 돌아가서 신부를 위해 집을 지었다. "거처를 예비"했다.

우리를 위해 같은 것을 약속하심으로써 예수님은 장례식에 마치 결혼식과도 같은 희망을 불어넣으신다. 예수님의 관점에서 묘지로 향하는 것은 결혼식장으로 걸어 들어가는 것과 동일한 기쁨과 설렘을 가져다준다.

결혼식은 근사한 소식이다! 그러나 장례식도 마찬가지라고 예수님은 말씀하신다. 결혼식과 장례식 모두 새로운 시대와 새로운 이름, 새로운 집을 축하한다. 결혼식과 장례식 모두에서 신랑은 신부와 함께 걸어간다. 예수님은 장차 오실 당신의 신랑이시다. "내가 다시 와서 너희를 내게로 영접하여…." 예수님은 제단에서 당신을 맞이하실 것이다. 이 땅에서의 삶과 일별하는 그 순간이 예수님을 마주하는 시간이 될 것이다.

말씀과 삶을 잇는 묵상 질문

1. 당신에게 최악의 두려움은 무엇인가?
    - 이것이 최악의 두려움인 이유는 무엇인가?

    - 이 두려움은 언제 시작되었는가?

2. 마가복음 14장 32-35절을 읽으라. 예수님은 예루살렘 성안이 내려다보이는 겟세마네 동산에서 어떤 마음을 느끼셨는가?
    - 예수님이 느끼신 것과 비슷한 고통과 슬픔에 압도당한 때는 언제인가?

    - 예수님도 같은 것을 느끼셨음을 알고 나니 어떤가?

3. 성경에서 잔은 무엇을 상징하는가?
    - 예수님께 잔은 구체적으로 무엇을 상징했는가?

    - 예수님은 그분께 주어진 잔을 어떻게 하셨는가?

    - 다음 빈칸을 채우라. "겟세마네에서 예수님이 하신 기도는 _____ 기도였다."(p.213)

    - 오늘 당신이 지나가기를 바라는 '잔'은 무엇인가?

    - 이 잔은 1번 질문에서 답한 '최악의 두려움'과 관련이 있는가?

- '잔'에 대해 예수님이 겟세마네에서 기도하신 것처럼 하려면 어떻게 해야 할까?

4. 요한복음 14장 1-3절을 읽으라. 1세기의 청중은 이 말씀을 어떻게 이해했는가?
   - 우리를 위해 집을 마련하시는 신랑으로서의 예수님 이미지에 대해 어떻게 생각하는가?

   - 큰 두려움에 직면했을 때 이 말씀은 어떻게 희망을 줄 수 있을까?

11장

슬픔을 소망으로
만드시다

당신은 교회 건물을 나선다. 장례식이 끝났다. 이제 장지로 향할 차례다. 당신 앞에는 하나뿐인 아들의 관을 든 여섯 남자가 걸어가고 있다.

당신은 슬픔에 제정신이 아니다. 의식이 마비된 듯하다. 남편을 잃은 터에 아들까지 잃었으니… 이제 당신에겐 가족이 없다. 눈물이 남아 있다면 울었으리라. 믿음이 남아 있다면 기도했으리라. 그러나 둘 다 말라버렸기에 당신은 울지도, 기도하지도 않는다. 그저 관만 바라볼 뿐이다.

갑자기 장례 행렬이 멈춰 선다. 관을 든 사람이 멈춰 서고, 당신도 따라 멈춰 선다. 한 남자가 관 앞을 막아선다. 모르는 사람이다. 당신은 그를 본 적이 없다. 코듀로이 코트와 청바지 차림의 그는 장례식에 온 사람이 아니다. 그는 대체 무엇을 하려는 걸까? 하지만 당신이 무어라 입을 떼기도 전에 그가 당신에게 와서 말을 건넨다.

"울지 말아요."

'울지 말라고? 울지 말라니! 이건 장례식이다. 내 아들이 죽었다. 그런데 울지 말라고? 대체 누구이기에 내게 울지 말라고 하는 거죠?' 하고 당신은 생각한다.

하지만 그 생각은 입 밖으로 나오지 않는다. 당신이 말을 꺼내기도 전에 그가 행동을 취한 탓이다. 그는 관이 있는 쪽으로 돌아서서 관 위에 손을 얹고 큰 소리로 말한다.

"청년아, 내가 네게 말하노니 일어나라."

"잠깐만요…" 관을 든 사람 중 하나가 제지한다. 그러나 관 속의 갑작스러운 움직임에 그는 말을 맺지 못한다. 관을 든 사람들은 서로 얼굴을 바라보며 재빨리 관을 내려놓는다. 관이 지면에 닿자마자 서서히 덮개가 열리기 시작한다.

공상 과학 소설에나 나올 법한 이야기라고? 그렇지 않다. 누가복음에 나오는 이야기다. "가까이 가서 그 관에 손을 대시니 멘 자들이 서는지라 예수께서 이르시되 청년아 내가 네게 말하노니 일어나라 하시매 죽었던 자가 일어나 앉고 말도 하거늘 예수께서 그를 어머니에게 주시니"(눅 7:14-15).

이제 질문이다. 이 성경 구절에서 어떤 점이 이상하게 느껴지는가? 그렇다, 죽은 사람은 일어나 앉지 못한다. 죽은 사람은 말하지 못한다. 죽은 사람은 관에서 나오지 못한다. 예수님이 나타나시지 않는 한 말이다. 예수님이 나타나시면 무슨 일이 일어날지 모르므로,

야이로는 여기에 대해 말해 줄 수 있다. 그의 딸은 이미 죽은 상태였다. 집에는 곡하는 사람들이 와 있었고, 장례식도 이미 시작되었다. 사람들은 예수님이 하실 수 있는 일이라곤 기껏해야 야이로의 딸에 관한 좋은 말씀을 들려주시는 것이리라 여겼다. 물론 예수님은 하실 말씀이 있었다. 소녀에 대해서가 아니라 소녀에게 하실 말씀이.

"아이야 일어나라"(눅 8:54).

소녀의 아버지가 아는 그다음 일은 소녀가 음식을 먹었고, 예수님이 웃으셨으며, 곡하는 사람들이 집으로 돌아갔다는 것이다.

마르다도 말해 줄 수 있다. 그녀는 예수님이 오셔서 나사로의 병을 고쳐 주시기를 바랐다. 그러나 예수님은 오시지 않았다. 마르다는 예수님이 오셔서 나사로의 장례식에 참석하시기를 바랐다. 그러나 예수님은 오시지 않았다. 예수님이 베다니에 도착하실 무렵에는 나사로가 죽어서 장사한 지 나흘이 지났고, 마르다는 예수님이 야속하기만 했다. 그녀는 예수님이 마을 어귀에 도착하셨다는 소식을 듣고는 곧바로 예수님을 만나러 갔다. 그리고 이렇게 말씀드렸다.

주께서 여기 계셨더라면 내 오라버니가 죽지 아니하였겠나이다 (요 11:21).

11장 슬픔을 소망으로 만드시다

이 말에서 그녀의 상처가 느껴진다. 상처와 섭섭함이. 나사로를 살릴 수 있었던 유일한 분이 오시지 않았고, 마르다는 그 이유를 알고 싶었다.

어쩌면 당신도 그 이유를 알고 싶을 것이다. 어쩌면 당신도 마르다처럼 했을 것이다. 사랑하는 누군가가 죽어가고 있고, 당신은 예수님께 도움을 청한다. 마르다처럼 당신도 우리를 죽음에서 구해내실 수 있는 유일한 분께로 향한다. 당신은 예수님께 도움을 청한다.

그러나 마르다가 도움을 청했을 때 예수님은 오시지 않았다. 나사로의 병세는 악화되었고, 마르다는 예수님이 오시는지 보려고 연신 창밖만 내다보았다. 그러나 예수님의 모습은 끝내 보이지 않았다. 나사로는 의식이 들어왔다 나갔다 했다. 마르다가 그에게 말했다.

"예수님이 곧 오실 거야, 오빠. 조금만 참아."

그러나 문 두드리는 소리는 들리지 않았다. 예수님은 오시지 않았다. 도우러 오시지 않았다. 병을 고치러 오시지 않았다. 장사 지내러 오시지 않았다. 그리고 나흘이 지난 후에야 모습을 드러내셨다. 장례식이 끝난 후에. 시신이 매장되고 무덤이 봉인된 후에.

마르다는 상처받았다. 그녀의 말은 많은 묘지에서 무수히 되풀이되었다.

"주께서 여기 계셨더라면 내 오라버니가 죽지 아니하였겠나이다."
"하나님, 당신이 계셨더라면 남편이 죽지 않았을 거예요."
"주님이 함께 하셨더라면, 제 아기는 살았을 거예요."
"하나님, 제 기도를 들어주시기만 했어도 제가 사랑하는 사람이 죽지 않았을 거예요."

무덤은 하나님에 관한 우리의 시각을 드러낸다.

죽음을 마주할 때, 하나님에 관한 우리의 생각은 도전받는다. 그리고 우리의 믿음도 도전받는다. 이쯤에서 중요한 질문을 던지고자 한다. 우리는 왜 죽음을 하나님의 부재로 해석하는가? 우리는 왜 몸이 치유되지 않으면 하나님이 가까이 계시지 않는다고 생각하는가? 치유가 하나님이 그분의 존재를 드러내시는 유일한 방식이라고 여기는가?

때때로 우리는 그렇게 생각한다. 그리고 그 결과, 치유를 위한 우리의 기도에 하나님이 응답하시지 않으면 화가 난다. 속이 상한다. 비난이 믿음을 대체한다. "하나님이 함께 하셨다면, 이 사람은 죽지 않았을 겁니다." 안타깝게도 하나님에 관한 이 같은 시각에는 죽음이 있을 자리가 없다. 예수님은 죽은 자를, 죽은 자를 위해 다시 살리시지 않았음을 이해하기를 바란다. 예수님은 산 자를 위해 죽은 자를 다시 살리셨다.

나사로야 나오라(요 11:43).

예수님이 명하실 때 마르다는 말이 없었다. 곡하는 사람들도 조용했다. 예수님이 무덤 앞에 서서 나사로를 부르실 때 사람들은 누구도 움직이지 않았다. 나사로를 제외한 누구도.

무덤 깊숙한 곳에서 나사로가 나왔다. 그의 멈췄던 심장이 다시 뛰기 시작했다. 감긴 눈이 뜨였고, 딱딱하게 굳었던 손가락이 움직였다. 수의에 싸인 채 무덤 속에 누워 있던 사람이 일어나 앉았다. 그다음에 무슨 일이 일어났는지 알고 싶은가? 요한의 말을 들어 보자. "죽은 자가 수족을 베로 동인 채로 나오는데 그 얼굴은 수건에 싸였더라"(44절). 죽은 자가 다시 살아났다. 앞서 했던 질문을 다시 하고자 한다.

질문: 이 장면에서 잘못된 것은 무엇인가?
답: 죽은 사람은 무덤에서 걸어 나오지 못한다.

질문: 하나님은 어떤 하나님이신가?
답: 삶과 죽음의 열쇠를 쥐고 계신 하나님이시다.

사기꾼의 소매를 걷어 올려 그 안에 숨겨둔 죽음을 드러내시는,

그리하여 죽음이 거짓에 지나지 않음을 보여 주는 하나님이시다. 당신이 당신의 장례식장에 계시기를 바랄 그런 하나님이시다. 하나님은 또다시 죽은 자를 살리실 것이다. 하나님은 그렇게 하겠다고 약속하셨으며, 그렇게 하실 수 있음을 보여 주셨다.

주께서 호령과 천사장의 소리와 하나님의 나팔 소리로 친히 하늘로부터 강림하시리니(살전 4:16).

나인 성 근처에서 청년을 일으키시고, 딱딱하게 굳은 야이로의 딸을 움직이게 하시고, 나사로의 시신을 일으키신 그 동일한 음성이 또다시 말씀하실 것이다. 땅과 바다는 그 안에 잠들어 있던 사람들을 토해낼 것이다. 다시는 죽음이 없을 것이다. 예수님은 그것을 확실히 해두셨다.

예수님을 신뢰하라

천국에서 이 땅까지는 긴 여정이지만, 예수님은 그 여행을 택하셨다. 왜 그러셨을까? 예수님은 우리가 그분을 믿기 원하시기 때문이다. 잠시 나와 함께 이에 대해 살펴보자. 예수님은 왜 이 땅에서 30여 년을 사셨을까? 그보다 더 짧은 세월을 사실 수도 있지 않았을까? 왜 우리 죄를 위해 돌아가실 만큼의 시간 동안만 살다 가시지 않았을까? 왜 한 해나 한 주 동안만 사시지 않았을까? 왜 일평생을 사셨을까? 우리의 죄 짐을 지신 것은 그렇다 쳐도 우리처럼 피부가 타거나 목이 따끔거리실 필요까지는 없지 않았을까? 죽음을 경험하신 것은 그렇다 쳐도 삶을 견디실 필요까지는 없지 않았을까? 머나먼 길과 기나긴 날들, 사람들의 분노를 굳이 참으실 필요가 있었을까? 예수님은 왜 그러셨을까?

당신이 예수님을 믿기 원하시기 때문이다. 이 땅에서 하신 예수님의 마지막 행동도 당신에게 신뢰를 주시기 위해서다.

그 후에 예수께서 모든 일이 이미 이루어진 줄 아시고 성경을 응하게 하려 하사 이르시되 내가 목마르다 하시니 거기 신 포도주가 가득히 담긴 그릇이 있는지라 사람들이 신 포도주를 적신 해면을 우슬초에 매어 예수의 입에 대니 예수께서 신 포도주를 받으신 후에 이르시되 다 이루었다 하시고 머리를 숙이니 영혼이 떠나가시니라(요 19:28-30).

이것이 예수님 생애의 마지막 행적이다. 인간으로서 삶이 다해 가는 예수님의 목소리에서 우리는 목마른 사람의 음성을 듣는다.

그리고 그분의 갈증을 통해 (해면과 값싼 포도주를 통해) 예수님은 마지막으로 호소하신다.

"나를 믿으라."

예수님, 입술은 갈라지고 입 안은 바짝 마른 예수님. 침을 삼킬 수 없을 만큼 입 안이 건조하고 말을 할 수 없을 만큼 목이 쉰 예수님. 예수님은 목이 마르셨다. 마지막으로 예수님의 입술에 물기가 닿은 때를 찾으려면 다락방에서 식사하시던 약 10시간 전으로 거슬러 올라가야 한다. 그때 포도주잔에 입을 대신 이후로 예수님은 매를 맞으시고, 침 뱉음을 당하시고, 멍이 들고, 생채기가 나셨다. 십자가와 죄를 지고 가신 예수님은 물을 드실 수 없었다. 예수님은 목이 마르셨다.

그런데도 왜 아무 조치도 취하지 않으셨을까? 그럴 수가 없으셨던 걸까? 예수님은 물을 포도주로 변하게 하지 않으셨던가? 요단 강을 멈춰 세우시고, 홍해를 가르시지 않았던가? 비를 그치게 하시고, 파도를 잠잠하게 하시지 않았던가? 성경은 그분이 "광야가 변하여 못이 되게 하시며"(시 107:35) "차돌로 샘물이 되게 하셨도다"(시 114:8)라고 하시지 않았던가? 하나님은 "나는 목마른 자에게 물을 주"겠다고(사 44:3) 하시지 않았던가? 그런데 왜 예수님은 갈증을 견디셨을까?

질문하는 김에 몇 가지 더 물어 보자. 예수님은 왜 사마리아에서 지치셨고(요 4:6), 왜 나사렛에서 속이 상하셨으며(막 6:6), 왜 성전에서 화가 나셨을까(요 2:15)? 왜 갈릴리 바다의 배 안에서 주무셨고(막 4:38), 나사로의 무덤에서 슬퍼하셨으며(요 11:35), 왜 광야에서 주리셨을까(마 4:2)? 그리고 왜 십자가에서 목이 마르셨을까?

예수님은 갈증을 경험하실 필요가 없었다. 적어도 그런 정도로 심한 갈증은. 여섯 시간 전에 포도주를 마실 기회가 있었지만, 예수님은 마시지 않으셨다.

> 예수를 끌고 골고다라 하는 곳(번역하면 해골의 곳)에 이르러 몰약을 탄 포도주를 주었으나 예수께서 받지 아니하시니라 십자가에 못 박고 그 옷을 나눌새 누가 어느 것을 가질까 하여 제비를 뽑더라 (막 15:22-24).

저들은 예수님을 못 박기 전에 포도주를 권했다. 마가는 포도주에 몰약을 탔다고 말하고, 마태는 쓸개를 탔다고 묘사한다. 몰약과 쓸개는 둘 다 진정 작용이 있다. 그러나 예수님은 포도주 마시기를 거부하셨다. 약으로 의식이 둔화되는 것을 거부하시고, 고통을 그대로 다 느끼기로 하셨다.

왜 그러셨을까? 왜 그 모든 고통을 견디셨을까? 예수님은 당신 역시 고통을 느끼리라는 것을 아셨기 때문이다. 그분은 당신이 지치고, 속상하고, 화가 나리라는 것을 아셨다. 당신이 졸리고, 슬픔으로 마비되고, 굶주리리라는 것을 아셨다. 당신이 고통에 직면하리라는 것을 아셨다. 비록 육체의 고통은 아닐지라도 영혼의 고통이 너무나 심해서 어떤 약도 듣지 않는 그런 아픔에 직면하리라는 것을 아셨다. 예수님은 당신이 갈증을 겪을 것을 아셨다. 비록 물에 대한 갈증은 아닐지라도 진리에 대한 갈증을. 그리고 목마른 그리스도의 이미지에서 발견하는 진리에 직면하리라는 것을 그분은 이해하신다. 그리고 예수님이 이해하시기에 우리는 그분께 나아갈 수 있다.

예수님이 이해하시지 못한다면 우리가 어떻게 그분께 나아갈 수 있겠는가? 당신이 재정 문제로 낙심했다고 가정해 보자. 당신은 사려 깊은 친구의 조언이 듣고 싶을 것이다. 당신이 억만장자의 아들을 찾아가겠는가? 막대한 재산을 물려받은 누군가를 찾아가겠는가? 아마도 그러지 않을 것이다. 왜? 그는 이해하지 못할 테니까. 그는 당신과 같은 처지를 경험한 적이 없고, 따라서 당신의 상황에 공감할 수 없다.

그러나 예수님은 공감하신다. 그분은 당신과 같은 처지를 경험하신 적이 있고, 당신이 겪는 감정에 공감하실 수 있다. 당신이 만약 이 땅에서 예수님의 생애만으로는 그런 확신이 들지 않는다면, 십자가상에서의 그분의 죽음을 통해 확신할 수 있을 것이다. 예수님은 당신이 겪는 고통을 이해하신다. 주님은 우리를 과잉보호하지 않으시고, 우리의 필요를 비웃지도 않으신다. 예수님은 "모든 사람에게 후히 주시고 꾸짖지 아니하"신다(약 1:5). 예수님은 어떻게 이렇게 하실 수 있을까? 히브리서의 저자보다 이를 더 잘 설명한 사람도 없을 것이다.

> 우리에게 있는 대제사장은 우리의 연약함을 동정하지 못하실 이가 아니요 모든 일에 우리와 똑같이 시험을 받으신 이로되 죄는 없으시니라 그러므로 우리는 긍휼하심을 받고 때를 따라 돕는 은혜를 얻기 위하여 은혜의 보좌 앞에 담대히 나아갈 것이니라(히 4:15-16).

예수님은 왜 목이 마르셨을까? 그것은 그분이 우리의 고통을 이해하신다는 것을 우리가 알 수 있도록, 그리하여 수고하고 애쓰는 모든 사람이 "나를 믿으라"는 그분의 음성을 듣도록 하시기 위함이었다.

포도주와 해면에 관한 성경 구절에는 '믿음'이라는 단어가 나오지 않지만, 믿음을 더 수월하게 해주는 또 다른 구절이 있다. "목마르다"는 예수님의 말씀 바로 앞에 나오는 문장을 보라. "예수께서 … 성경을 응하게 하려 하사 이르시되 내가 목마르다 하시니"(요 19:28). 이 구절에서 요한은 예수님의 말씀 이면의 동기에 대해 알려 준다. 주님은 성경 말씀이 이루어지는 데 관심을 두신다. 성경이 이루어지는 것은 예수님의 십자가 고난에 반복적으로 나오는 주제다. 다음의 구절들을 보라.

내가 그들과 함께 있을 때에 내게 주신 아버지의 이름으로 그들을 보전하고 지키었나이다 그 중의 하나도 멸망하지 않고 다만 멸망의 자식뿐이오니 이는 성경을 응하게 함이니이다(요 17:12).

군인들이 서로 말하되 이것을 찢지 말고 누가 얻나 제비 뽑자 하니 이는 성경에 그들이 내 옷을 나누고 내 옷을 제비 뽑나이다 한 것을 응하게 하려 함이러라(요 19:24).

이 일이 일어난 것은 그 뼈가 하나도 꺾이지 아니하리라 한 성경을 응하게 하려 함이라(요 19:36).

또 다른 성경에 그들이 그 찌른 자를 보리라 하였느니라(요 19:37).

그들은 성경에 그가 죽은 자 가운데서 다시 살아나야 하리라 하신 말씀을 아직 알지 못하더라(요 20:9).

왜 성경 말씀에 관한 언급이 거듭 반복되는가? 왜 예수님은 생애의 마지막 순간에 예언이 이루어지게 하기로 마음먹으셨을까? 그분은 우리가 의심하리라는 것을 아셨다. 우리가 의문을 품으리라는 것을 아셨다. 우리가 머리로만 그 사랑을 알고 마음으로는 알지 못하는 것을 원치 않으셨기에 예수님은 생의 마지막 순간에 그분이 메시아라는 증거를 제시하셨다. 예수님은 수백 년 전의 예언을 체계적으로 성취하셨다. 예수님의 죽음과 관련한 모든 중요한 세부 사항은 미리 쓰였다.

- 친한 친구의 배반(시 41:9)
- 제자들에게 버림받으심(시 31:11)
- 거짓 증언(시 35:11)
- 재판관들 앞에서의 침묵(사 53:7)
- 무죄 입증(사 53:9)
- 범죄자처럼 되심(사 53:12)
- 십자가에 못 박히심(시 22:16)
- 구경꾼들의 조롱(시 109:25)
- 구원받지 못하신 데 대한 비웃음(시 22:7-8)
- 제비뽑기로 옷을 나눠 가짐(시 22:18)
- 원수들을 위한 기도(사 53:12)

- 하나님께 버림받으심(시 22:1)
- 영혼을 아버지의 손에 맡기심(시 31:5)
- 뼈가 꺾이지 않으심(시 34:20)
- 부자의 묘실에 묻히심(사 53:9)

그리스도께서 그분의 생애 동안 구약에 나오는 351가지[1]의 예언을 성취하신 것을 알고 있는가? 한 사람의 생애에 이 모든 예언이 이루어질 확률이 얼마나 될까?

예수님은 왜 십자가에서 목마르다고 말씀하셨을까? 그것은 의심하는 사람들이 건널 수 있는 튼튼한 다리 위에 널판을 하나 더 덧대고자 하심이었다. 갈증에 관한 예수님의 고백은 모든 사람에게 주시는 신호다. 그분이 메시아시라는 신호.

그분의 마지막 행동은 신중한 사람들에게 주시는 따뜻한 말씀이다. 그분을 믿으라는….

우리에게는 누군가 믿을 만한 사람이 필요하지 않은가? 우리보다 훌륭한 어떤 믿을 만한 사람이? 우리는 세상 사람들이 우리를 이해해 주리라고 믿는 데 지치지 않았는가? 이 세상 것들이 우리를 강하게 해주리라고 믿는 데 지치지 않았는가?

포도주 적신 해면을 통해 예수님이 주시는 메시지는 이것이다. "내가 그니… 나를 믿으라."

말씀과 삶을 잇는 묵상 질문

1. 성경에는 예수님이 죽은 사람을 살리신 기적 세 가지가 나온다. 우리는 베다니의 나사로와 가버나움에 사는 야이로의 딸에 관한 이야기는 이미 알고 있다. 이제 나사렛 남동쪽에 있는 나인이라는 곳 근처에서 예수님이 과부의 아들을 살리신 이야기를 살펴보자. 누가복음 7장 11-17절을 읽으라.

   - 그 여인은 과부였다. 따라서 이미 남편을 잃은 상태였다. 그런데 아들까지 죽으면 그녀는 어떻게 되는가?

   - 사랑하는 사람이나 소중한 무언가를 연속적으로 잃은 적이 있는가? 그때의 경험은 어떠하였는가?

   - 예수님께 딸을 낫게 해달라고 청한 야이로와 달리, 그리고 예수님과 아는 사이인 마리아나 마르다와 달리, 이 이야기에 나오는 과부는 예수님을 알지도 못했고 예수님께 도움을 청하지도 않았다. 그런데 예수님이 왜 여인의 아들을 살리셨다고 생각하는가?

   - 이 이야기는 우리가 살아가면서 경험하는 상실에 대해 예수님이 어떻게 느끼시고 또 여기에 대해 어떤 일을 하실 수 있는지에 대해 무엇을 말해 주는가?

2. 오늘 예수님에 대한 당신의 믿음은 어느 정도인가? 항상 예수님을 믿는가? 이따금 믿는가? 어떤 일에 대해서는 예수님을 믿지만 다른 일에 대해서는 믿지 않는가? 자세히 이야기해 보라.

   - 우리의 삶 가운데 믿을 만한 사람이 있다는 게 왜 중요한가?

- 누군가에 대한 믿음이 깨진 때는 언제인가? 그때의 경험은 어떠하였는가?

- 그것은 예수님과의 관계에 어떤 영향을 미쳤는가?

- 예수님에 대한 믿음이 깨진 적이 있는가? 만약 그렇다면, 그것은 언제 어떻게 예수님과의 관계에 영향을 미쳤는가?

3. 십자가에 달리신 예수님께 몰약을 탄 포도주가 주어졌다.
   - 예수님께 왜 포도주가 주어졌는가?

   - 예수님은 왜 이것을 거절하셨는가?

   - 예수님이 이 땅에서의 삶을 경험하시고 거기에 따르는 육체적, 정서적 고통을 경험하셨다는 사실이 당신의 믿음에 영향을 미치는가? 만약 그렇다면, 어떻게 영향을 미치는가?

4. 예수님은 얼마나 많은 예언을 성취하셨으며, 그것은 왜 중요한가?

5. 예수님을 더욱 신뢰하기 위해 필요한 것은 무엇인가?

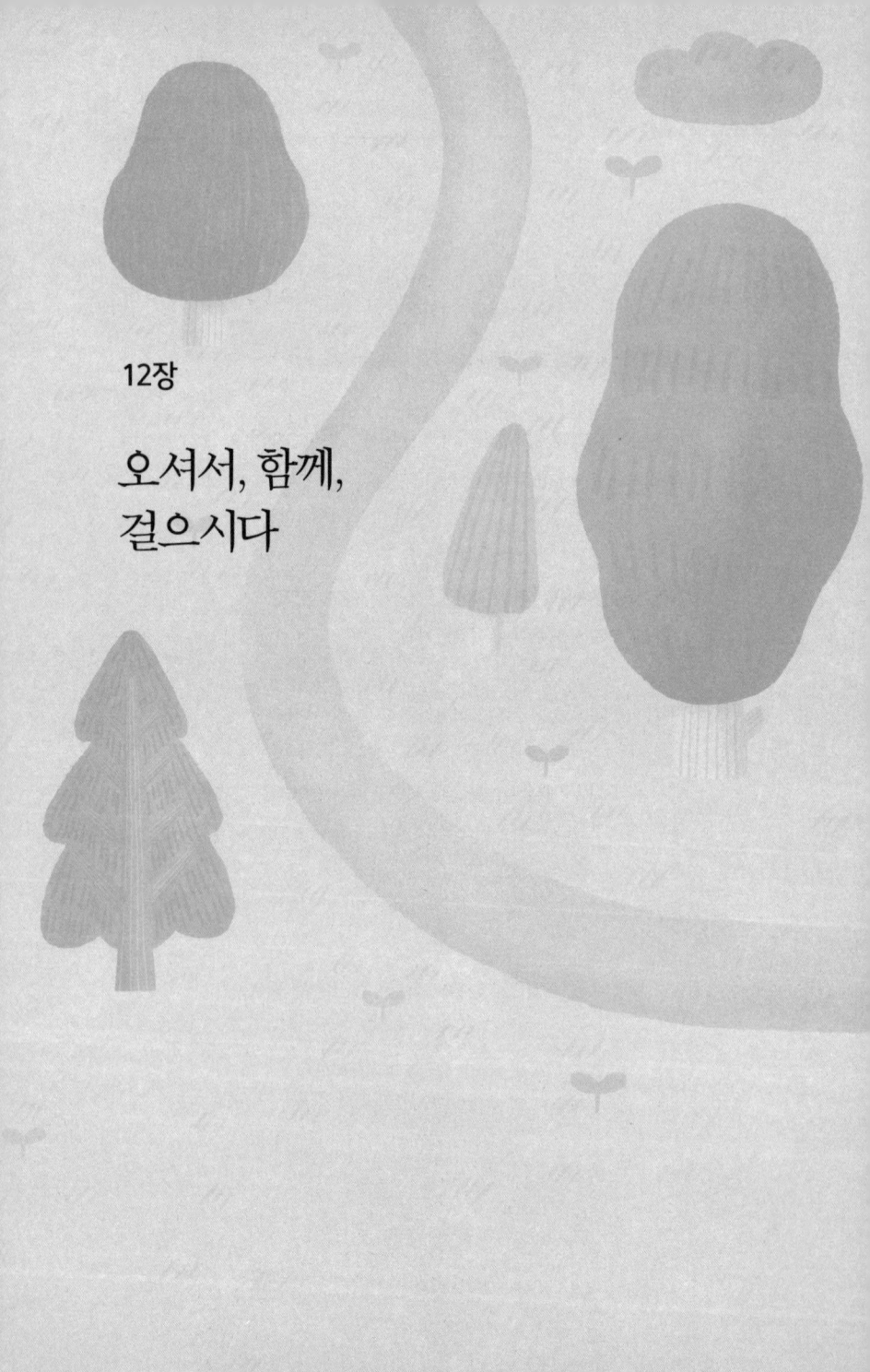

12장

오셔서, 함께, 걸으시다

언덕은 이제 조용하다. 고요하지는 않지만, 조용하다. 하루 중 처음으로 소음이 없다. 영문을 알 수 없는 한낮의 어둠이 내리자 시끌벅적한 소리가 이내 잦아들기 시작했다. 물이 불을 끄듯, 그림자가 조롱을 잠재웠다. 더는 농담이나 희롱이 없다. 그리고 시간이 지나자 더는 비웃는 사람도 없다. 구경꾼들은 하나둘 언덕을 내려가기 시작했다. 당신과 나를 제외한 모든 구경꾼이.

우리는 그곳을 떠나지 않았다. 우리는 배우러 왔고, 따라서 어두워진 그 언덕에 계속 머물면서 귀를 기울이기로 하자. 군인들이 욕하는 소리와 행인이 질문하는 소리, 여자들이 흐느끼는 소리가 들린다. 그리고 무엇보다도 죽어가는 세 사람의 신음 소리가 들린다. 그들은 고개가 흔들리고 다리가 돌아갈 때마다 신음 소리를 낸다.

그러나 몇 분이 몇 시간이 되자 그 소리마저 잦아들었다. 세 사람은 죽은 듯했다. 거친 숨소리만 아니었다면 그들이 죽었다고 생각했으리라. 그때 예수님이 소리를 지르셨다. 마치 누군가가 그분의 머리칼을 잡아당기기라도 한 것처럼 머리가 죄패에 쾅 부딪히

더니 그분의 입에서 절규가 터져 나왔다. 마치 단도가 커튼을 가르듯 절규가 어둠을 갈랐다. 손과 발에 박힌 못이 허락하는 한 똑바로 서려고 애쓰면서 예수님은 잃어버린 친구를 부르는 사람처럼 간절하게 외치셨다.

"엘로이!"

목소리가 갈라져 나왔다. 그분의 커다랗게 뜬 눈에 반사된 횃불빛이 춤을 추었다.

"나의 하나님!"

화산처럼 끓어오르는 고통을 무시한 채 예수님은 어깨가 손보다 더 높이 올라갈 때까지 몸을 솟구치셨다.

"어찌하여 나를 버리셨나이까?"

군인들이 쳐다보았다. 여인들이 울음을 그쳤다. 바리새인 하나가 냉소했다. "저 사람이 엘리야를 부른다." 그러나 아무도 웃지 않았다. 예수님이 하늘을 향해 질문을 하셨으니 하늘에서도 무슨 대답이 있었을지 모른다. 그런데 정말로 그랬던 것 같다. 예수님의 얼굴이 평온해지면서 마지막으로 "다 이루었다. 아버지, 내 영혼을 아버지 손에 부탁하나이다."[1] 하고 말씀하실 때 하늘이 어두워진 것을 보면….

예수님이 마지막 숨을 내쉴 때 갑자기 땅이 흔들렸다. 바위가 구르고 군인이 넘어졌다. 그러고는 정적이, 깨졌을 때만큼이나 갑작스럽게 다시 돌아왔다. 모든 게 조용해졌다. 조롱은 그쳤다. 비웃는 사람은 아무도 없었다.

군인들은 시체를 치우느라 분주했다. 그곳으로 두 사람이 찾아왔다. 옷을 잘 입은 그 두 사람에게 예수님의 시신이 주어졌다.

그리고 예수님이 남기고 가신 것들이 우리 앞에 놓여 있다.

쓰레기통 안의 못 세 개.

십자가 모양의 그림자 셋.

끄트머리에 피가 묻은 가시관 하나.

이 피가 사람의 피가 아니라 하나님의 피라니, 참으로 기이하지 않은가? 이 못으로 우리의 죄를 십자가에 박았다니, 말이 안 되지 않는가? 강도의 기도가 응답받다니, 부조리하지 않은가? 게다가 다른 강도는 아예 기도할 생각조차 하지 않았다니. 부조리하고 아이러니하다. 그렇지 않은가? 그러나 부조리하고 아이러니하지 않다면 갈보리 언덕은 아무것도 아니다.

우리라면 그 순간을 다르게 기록했을 것이다. 누군가 우리에게 하나님이 어떻게 세상을 구원하시는지 묻는다면, 우리는 아마 백마와 번쩍이는 검을 이야기하고 싶을 것이다. 땅에 쓰러진 사탄과 보좌에 앉아 계신 하나님을 이야기하고 싶을 것이다.

하지만 십자가에 달린 하나님이시란 말인가? 입술이 갈라지고 눈은 커다래지고 피를 흘리는 하나님이시라고? 그 얼굴 앞에 해면이 들이밀어지는 하나님이시란 말인가? 옆구리를 창에 찔리시는 하나님이신가? 발밑에서 제비뽑기가 이루어지는 하나님이시란 말인가?

우리라면 구원의 드라마를 이런 식으로 쓰지 않았을 것이다. 그러나 다시 생각해 보니 우리는 구원의 드라마를 쓰라는 요청을 받은 적이 없다. 이 등장인물들과 소품들은 하나님이 선택하신 것이고 하나님이 정하신 것이다. 우리는 그 시간을 설계하도록 요청받지 않았다.

하지만 여기에 반응하도록 요청받았다. 그리스도의 십자가가 우리 인생의 십자가가 되려면 당신과 내가 갈보리 언덕으로 무언가를 가져가야 한다. 우리는 예수님이 무엇을 가지고 오셨는지 보았다. 그분은 상처 입은 손으로 용서를 베푸셨다. 찢어진 피부를 통해 포용을 약속하셨다. 예수님은 우리를 본향으로 데려가기 위한 길을 택하셨다. 그분의 옷을 주시기 위해 우리의 옷을 입으셨다. 우리는 그분이 어떤 선물을 가져오셨는지 보았다. 그리고 이제 묻는다. 우리는 무엇을 가져갈 것인가?

우리는 죄패에 글을 쓰라거나 못을 가져오라는 요청을 받지 않았다. 침 뱉음을 당하거나 가시관을 쓰라는 요청을 받지 않았다. 다만 십자가가 있는 곳으로 가서 그 앞에 무언가를 두고 오라는 요청을 받았다.

물론 꼭 그래야 하는 것은 아니다. 많은 사람이 그렇게 하지 않는다. 대신 많은 사람이 우리가 한 것을 한다. 우리 외에도 많은 사람이 십자가에 관한 글을 읽었고, 나 말고도 많은 작가가 십자가에 관한 글을 썼다. 많은 사람이 그리스도가 남기신 것에 대해 생각하지만, 우리가 무엇을 두고 와야 하는지에 대해 생각하는 사람은 많지 않다.

당신은 십자가 앞에 무엇을 두고 오려 하는가? 당신은 십자가를 관찰하고 분석할 수 있다. 십자가에 관한 글을 읽고, 심지어 십자가에다 대고 기도할 수도 있다. 그러나 십자가 앞에 무언가를 두고 오지 않는 한 당신은 십자가를 받아들인 게 아니다.

당신은 그리스도가 남기신 것을 보았다. 그러니 당신도 무언가를 두고 오지 않겠는가? 당신의 후회스러운 순간들은 어떤가? 좋지 않은 습관들은 어떤가? 그것들을 십자가 앞에 두고 오라. 이기적인 마음과 선의의 거짓말은 어떤가? 그것들을 하나님께 드리라. 왁자지껄한 술자리와 편협한 신앙은 어떤가?

하나님은 그 전부를 원하신다. 그 모든 실패와 실수를. 하나님은 그것들 하나하나를 다 원하신다. 하나님은 우리가 그것들을 가지고는 살 수 없음을 아시기 때문이다. 하나님의 약속에 귀 기울이라.

내가 내 백성에게 반드시 하고야 말 일이 이것이다. 그들에게서 내가 죄를 제거할 것이다(롬 11:27, 메시지).

하나님은 우리의 잘못을 용서하는 것 이상을 하신다. 하나님은 그것들을 제거하신다. 우리는 단지 우리의 잘못을 하나님께 가져가기만 하면 된다. 하나님은 우리가 과거에 저지른 잘못만을 원하시는 게 아니다. 그분은 우리가 현재 저지르는 잘못까지도 원하신다. 당신은 잘못하고 있는 게 있는가? 술을 너무 많이 마시는가? 직장이나 가정에서 무언가를 속이고 있는가? 돈 관리를 잘못하고 있는가? 인생을 잘못 관리하고 있는가?

만약 그렇다면, 아무것도 잘못된 게 없는 체하지 말라. 당신이 실수한 게 없는 체하지 말라. 마치 아무 일도 없다는 듯이 일상으로 돌아가려 하지 말라. 먼저 하나님께 나아가라. 잘못을 범한 후의 첫걸음은 십자가가 있는 방향으로 향해야 할 것이다.

만일 우리가 우리 죄를 자백하면 그는 미쁘시고 의로우사 우리 죄를 사하시며 우리를 모든 불의에서 깨끗하게 하실 것이요(요일 1:9).

당신은 십자가 앞에 무엇을 두고 올 수 있는가? 당신이 잘못한

순간들로부터 시작하라. 그리고 십자가 앞에 머무는 동안, 당신이 분노에 사로잡힌 순간들을 하나님께 드리라.

사람들이 무언가를 약속했다고 해서 그 약속이 꼭 지켜지는 건 아님을 당신은 이미 알고 있다. 누군가가 아버지로 불린다고 해서 그가 꼭 아버지처럼 행동하는 것은 아니다. 우리는 결혼식장에서 "예"라고 대답했어도 결혼생활에서는 "아니오"라고 대답하기도 한다.

우리에게는 맞서 싸우려는 경향이 있다. 그렇지 않은가? 우리는 공격을 당하면 되갚으려 하지 않는가? 다른 사람들이 내게 잘못한 것들을 마음에 담아 두지 않는가? 미운 사람들에게 으르렁거리지 않는가?

하나님은 우리가 마음에 담아 둔 것들을 원하신다. 하나님은 한 종에게 영감을 주셔서 "사랑은 … 악한 것을 생각하지 않습니다"(고전 13:5, 현대인의 성경)라고 쓰게 하셨다. 하나님은 우리가 마음에 담아 둔 것을 모두 십자가 앞에 두고 오기 원하신다. 쉽지 않은 일이다.

"저들이 제게 무슨 짓을 했는지 보세요!"

우리는 우리의 상처를 가리키며 항의한다.

"내가 너를 위해 무엇을 했는지 보거라."

하나님은 십자가를 가리키며 상기시켜 주신다.

그것을 바울은 이렇게 표현했다.

누가 누구에게 불만이 있거든 서로 용납하여 피차 용서하되 주께서 너희를 용서하신 것 같이 너희도 그리하고(골 3:13).

하나님은 우리에게 악한 것을 생각하지 말라고 말씀하신다. 당신은 정말로 상대방의 잘못을 마음에 담아 두고 싶은가? 다른 사람들이 당신에게 행한 그 모든 잘못을 마음에 담아 두고 싶은가? 정말로 평생 누군가에게 으르렁거리며 불편한 마음을 안고 살기를 원하는가? 하나님은 당신이 그렇게 사는 것을 원치 않으신다. 죄가 당신을 오염시키기 전에 죄를 내려놓으라. 쓴 뿌리가 당신을 부추기기 전에 쓴 뿌리를 내려놓으라. 염려가 마음속에 자리 잡기 전에 염려를 하나님께 드리라. 염려의 순간들을 하나님께 드리라.

이 모든 걱정을 어떻게 할 것인가? 십자가로 가져가라. 건강이나 가정의 상황, 재정, 또는 비행기에 타는 게 걱정될 때 마음속으로 십자가가 서 있는 언덕을 오르라. 그리고 잠시 그리스도의 고난의 흔적을 바라보라. 창끝을 만져 보고, 손바닥 위에 못을 올려놓아 보라. 죄패에 쓰인 문구를 읽어 보라. 하나님의 피로 축축해진 흙을 만져 보라.

하나님은 당신을 위해 피를 흘리셨다.

하나님은 당신을 위해 창에 찔리셨다.

하나님은 당신을 위해 못 박히셨다.

하나님은 당신을 위해 죄패를 남기셨다.

이 모든 것을 하나님은 당신을 위해 하셨다. 당신은 이것을 알고도, 하나님이 당신을 위해 하신 그 모든 일을 알고도 하나님이 당신을 돌보지 않으시리라고 생각하는가?

바울의 말처럼 "자기 아들을 아끼지 아니하시고 우리 모든 사람을 위하여 내주신 이가 어찌 그 아들과 함께 모든 것을 우리에게 주시지 아니하겠"는가(롬 8:32).

당신 자신에게 호의를 베풀라. 마음 속 염려의 순간들을 십자가로 가져가라. 잘못된 순간들과 분노에 휩싸인 순간들과 함께 거기, 십자가에 두라. 그리고 하나 더. 당신의 마지막 순간을 거기 두라.

당신과 나는 언젠가 죽음을 맞이할 것이다. 마지막 순간. 마지막 숨결. 마지막으로 커다랗게 뜬 눈과 마지막 심장 박동. 순식간에 당신은 아는 세계를 떠나 모르는 세계로 들어갈 것이다. 우리의 마음을 어지럽히는 게 바로 그것이다. 죽음은 미지의 세계이고, 알려지지 않은 세계에 대해 우리는 늘 어느 정도 두려움을 느낀다.

의심의 그림자를 걷다

때때로 나는 하나님이 안 계실지도 모른다는 두려움에 공감할 수 있다. 답이 없을지도 모른다는 두려움에 공감할 수 있다. 길이 없어 보이는 인생에 대한 두려움, 출구를 찾을 수 없을 것 같은 두려움에 공감할 수 있다. 그것은 안개가 자욱한 골짜기에 홀로 남겨진 것같은 으스스하고 스산한 느낌이다. 의심의 그림자가 드리운 골짜기. 어쩌면 당신은 그런 골짜기의 회색 지대를 알지도 모르겠다. 그 안에서

- 성경이 이솝우화처럼 읽히고
- 기도가 동굴 속의 메아리처럼 되돌아오고
- 도덕적 경계선이 흐릿하고
- 믿는 사람들이 동정을 샀다 부러움을 샀다 하는 가운데 누군가가 시험에 빠지는 그런 곳을.

정도의 차이는 있겠지만 우리는 누구나 의심의 그림자가 드리운 골짜기에 들어간다. 그리고 어느 시점, 그곳에서 빠져나올 계획이 필요하다. 내 경험을 나누어도 될까? 의구심이 들곤 하던 주일 아침의 시간이 요즘 들어서는 '작은 걸작'인 누가복음 마지막

장에서 샘솟는 믿음의 우물 덕에 빠르게 사라졌다. 의사에서 전기 작가로 변모한 누가는 누가복음의 마지막 장을 한 가지 질문, '우리가 의심할 때 그리스도는 어떻게 반응하시는가?'에 답하는 데 할애했다.

누가는 우리를 예루살렘의 다락방으로 데리고 간다. 예수님이 십자가에 달리시고 난 후의 주일 아침이었다. 제자들이 모여 있었다. 세상을 변화시키기 위해서가 아니라 세상으로부터 벗어나기 위해서. 복음을 전하는 이야기꾼이 아니라 두려움에 휩싸인 겁쟁이로. 그들은 예수님의 시신과 함께 희망도 묻었다. 그들보다는 닭장 안이나 해파리 등뼈에서 더 많은 용기를 발견할 수 있으리라. 두려움 없는 믿음? 그런 건 없었다. 덥수룩한 제자들의 얼굴에서는 어떤 반짝이는 결의나 약간의 조짐도 찾아볼 수 없었다.

그러나 여자들의 밝은 얼굴을 보면 당신의 심장은 그들과 함께 뛸 것이다. 누가에 의하면 그들은 솟아오르는 태양처럼 환하게 다락방으로 들어서서 예수님을 본 이야기를 전했다.

> 무덤에서 돌아가 이 모든 것을 열한 사도와 다른 모든 이에게 알리니 (이 여자들은 막달라 마리아와 요안나와 야고보의 모친 마리아라 또 그들과 함께 한 다른 여자들도 이것을 사도들에게 알리니라) 사도들은 그들의 말이 허탄한 듯이 들려 믿지 아니하나(눅 24:9-11).

주기적으로 그리스도를 의심하는 사람들이라면 이 이야기에 주목하고 용기를 내길 바란다. 제자들 역시 의심을 품었다. 그러나 예수님은 그들이 의심을 품도록 내버려 두지 않으셨다. 예수님은 엠마오로 가는 두 제자를 보시고는 그들에게 다가가셨다.

> 그들이 서로 이야기하며 문의할 때에 예수께서 가까이 이르러 그들과 동행하시나 그들의 눈이 가리어져서 그인 줄 알아보지 못하거늘 예수께서 이르시되 너희가 길 가면서 서로 주고받고 하는 이야기가 무엇이냐 하시니 두 사람이 슬픈 빛을 띠고 머물러 서 더라(눅 24:15-17).

이 일에는 천사들로는 부족했다. 사절로는 충분치 않았다. 하늘의 가장 훌륭한 병사들로 이루어진 천군으로도 충분하지 않았다. 예수님이 직접 오셔야 했다. 예수님은 어떻게 제자들의 믿음을 돋우셨을까? 예수님께는 무수히 많은 방법이 있었다. 예수님은 십자가에 달리신 금요일에 지진과 일식이 일어나게 하셨다. 마태복음은 "무덤들이 열리며 자던 성도의 몸이 많이 일어나되 예수의 부활 후에 그들이 무덤에서 나와서 거룩한 성에 들어가 많은 사람에게" 보였다고 말한다(마 27:52-53). 예수님은 그들 중 몇을 불러 엠마오로 가는 두 제자와 대화하게 하실 수도 있었다. 혹은 빈 무덤을 보여 주실 수도 있었다. 바위가 말하고 무화과나무가 춤을 추게 하실 수도 있었다. 그러나 예수님은 그렇게 하지 않으셨다. 대신 "모세와 모든 선지자의 글로 시작하여 모든 성경에 쓴 바 자기에 관한 것을 자세히 설명"하셨다(눅 24:27).

예수님은 성경 수업을 인도하셨다. 엠마오로 향하던 두 제자에게 모세의 글(창세기부터 신명기까지)로 시작하여 이사야와 아모스 그리고 다른 선지자들의 글에 이르기까지 구약을 개관해 주셨다. 예수님이 말씀하실 때 엠마오로 가는 길은 구약 시대로 변했다. 예수님은 홍해가 갈라지는 모습을 묘사하셨을까? 여리고 성이 무너지는 광경을 묘사하셨을까? 다윗 왕이 잘못을 범하는 장면을 묘사하셨을까? 예수님께 특히 중요했던 것은 "성경에 쓴 바 자기에 관한 것"이다. 그분의 얼굴에는 당신이 상상하던 것보다 더 많은 구약 시대의 인물들이 겹쳐 보인다. 예수님은 인류를 재앙으로부터 구한 노아이시며, 민족의 아버지인 아브라함이시고, 아버지 손에 이끌려 제단에 바쳐진 이삭이시다. 은화 한 자루에 팔린 요셉이시고, 종살이하던 사람들에게 자유를 찾아 준 모세이시며, 약속의 땅을 가리켜 보인 여호수아이시다.

예수님은 "모세와 모든 선지자의 글로 시작하여" 성경을 풀어 주셨다. 그리스도께서 구약 성경을 인용하시는 모습이 상상이 되는가? 이사야서 53장은 "그가 상함은 우리의 죄악 때문이라 그가 징계를 받으므로 우리는 평화를" 누린다고(5절) 말한다. 이사야서 28장은 "내가 한 돌을 시온에 두어 기초를 삼았노니 곧 시험한 돌이요 귀하고 견고한 기촛돌이라"고(16절) 말한다. 예수님은 두 제자에게 "내가 바로 이사야가 말한 그 '돌'이란다"라고 하시며 윙크를 보내셨을까?

우리는 예수님이 무슨 말씀을 하셨는지는 알 수 없지만, 그분이 하신 말씀이 제자들에게 어떤 영향을 미쳤는지는 안다. 두 제자는 "[그가] 우리에게 성경을 풀어 주실 때에 우리 속에서 마음이 뜨겁지 아니하더냐"(눅 24:32) 하고 말했다.

세 사람은 바위산을 넘어 올리브 숲과 탐스러운 과일나무들이 즐비한 골짜기로 들어섰다. 이야기를 나누다 보니 예루살렘에서의 비극은 어느새 잊혔다. 7마일(11.26킬로미터)의 도보여행이 30분간의 산책처럼 느껴졌다. 시간은 쏜살같이 흘렀고, 제자들은 예수님의 말씀을 더 듣기 원했다.

> 그들이 가는 마을에 가까이 가매 예수는 더 가려 하는 것 같이 하시니 그들이 강권하여 이르되 우리와 함께 유하사이다 … 그들과 함께 음식 잡수실 때에 떡을 가지사 축사하시고 떼어 그들에게 주시니 그들의 눈이 밝아져 그인 줄 알아보더니 예수는 그들에게 보이지 아니하시는지라(눅 24:28-31).

성경을 가르치시고 떡을 떼어 주신 예수님은 7월 아침의 연무처럼 사라지셨다. 엠마오로 향하던 두 제자는 떡을 떨어뜨리고 부서진 꿈을 다시 부여잡으며 부리나케 예루살렘으로 돌아가 사도들을 만났다.

그들이 예수님을 만난 이야기를 하려는 그 순간, 예수님이 그 자리에 나타나셨다. 예수님은 그들 가운데 서서 말씀하셨다.

"너희에게 평강이 있을지어다."

그러나 제자들은 유령을 본 줄 알고 놀라고 두려워하였다.

이 말을 할 때에 예수께서 친히 그들 가운데 서서 이르시되 너희에게 평강이 있을지어다 하시니 그들이 놀라고 무서워하여 그 보는 것을 영으로 생각하는지라 예수께서 이르시되 어찌하여 두려워하며 어찌하여 마음에 의심이 일어나느냐 내 손과 발을 보고 나인 줄 알라 또 나를 만져 보라 영은 살과 뼈가 없으되 너희 보는 바와 같이 나는 있느니라 이 말씀을 하시고 손과 발을 보이시나 그들이 너무 기쁘므로 아직도 믿지 못하고 놀랍게 여길 때에 이르시되 여기 무슨 먹을 것이 있느냐 하시니 이에 구운 생선 한 토막을 드리니 받으사 그 앞에서 잡수시더라 또 이르시되 내가 너희와 함께 있을 때에 너희에게 말한 바 곧 모세의 율법과 선지자의 글과 시편에 나를 가리켜 기록된 모든 것이 이루어져야 하리라 한 말이 이것이라 하시고 이에 그들의 마음을 열어 성경을 깨닫게 하시고(눅 24:36-45).

제자들은 무릎을 꿇고 경배해야 할지 아니면 뒤로 돌아 달아나야 할지 알지 못했다. 어떤 사람들은 그렇게 좋은 일이 사실일 리 없다며 예수님을 유령이라고 했다. 예수님은 화를 내실 수도 있었을 것이다. 그들을 구원하려고 지옥을 통과하셨는데 예수님과 유령도 분간하지 못했으니.

그러나 의심하는 사람들에게 늘 그러하시듯 예수님은 손을 차례로 내미시며 "만져 보라"고 하셨다. 그러고는 음식을 달라고 하신 후 생선을 드시면서 그날의 두 번째 성경 수업을 시작하셨다. "예수님은 그들에게 '내가 너희와 함께 있을 때 모세의 율법책과 예언서와 시편에 나에 대하여 기록된 모든 것이 이루어져야 한다고 너희에게 말한 것이 바로 이것이다' 하시고 그들의 마음을 열어 성경을 깨닫게" 하셨다(눅 24:44-45, 현대인의 성경).

여기서 어떤 패턴이 눈에 띄지 않는가?

예수님은 엠마오를 향해 무거운 발걸음을 옮기는, 친한 친구의 장례를 이제 막 치르고 온 듯한 모습의 두 사람을 발견하신다. 아마도 그들을 보시고 따라잡으셨거나 하늘에서 그들을 내려다보셨으리라.

예수님은 에덴동산과 창세기를 주제로 말씀하신 후 식사를 나누시고, 제자들은 마음이 뜨거워지면서 눈이 열린다.

또한 예수님은 다락방의 겁에 질린 제자들을 방문하신다. 슈퍼맨처럼 하늘을 날며 둘러보시는 게 아니라 직접 제자들과 얼굴을 마주하시고 그들에게 자신의 상처를 만져 보게 하신다. 식사를 함께 나누고 성경을 가르치신다. 이제 제자들은 용기를 얻는다. 그리고 중요한 질문 '우리의 의심에 대해 그리스도는 어떻게 반응하실까?'에 대한 실제적인 답 두 가지를 발견한다.

그 답이 무엇인가? 예수님은 그분의 몸을 만져 보게 하시고 또 그분의 말씀을 곰곰이 생각해 보게 하신다. 우리는 지금도 그렇게 할 수 있다. 지금도 그리스도의 몸을 만질 수 있다. 우리는 실제로 예수님의 몸에 난 상처를 만져 보고 싶어 하지만, 교회 곧 성도들과 교제하는 것이 바로 그리스도의 몸을 만지는 일이다.

> 교회는 그의 몸이니 만물 안에서 만물을 충만하게 하시는 이의 충만함이니라(엡 1:23).

마음속에 품은 의문은 우리를 숨게 만들지만, 동굴 안에는 답이 없다. 그리스도는 공동체를 통해 우리에게 용기를 주시고, 다른 그리스도인들과의 교제를 통해 의심을 흩어 없애신다. 그분은 모든 지식을 한 사람에게 다 주시지 않고 지식의 퍼즐 조각들을 여러 사람에게 나눠 주신다. 당신이 이해한 것에 내가 이해한 바를 더할 때 우리는 새로운 것을 알 수 있다. 우리가 모여서 교제하고 나누며 고백하고 기도할 때 그리스도께서 말씀하신다.

제자들 사이의 끈끈함은 우리에게 교훈을 준다. 그들은 연합했다. 희망을 빼앗겼을 때도 그들은 공동체 안에서 하나가 되었다. "그들은 그동안 일어난 모든 일을 되돌아보며 깊은 대화를 나누고 있었다"(눅 24:14, 메시지). 생각을 나누고, 가능성을 고민하고, 서로의 마음을 북돋는 이것이 바로 교회의 모습 아닌가?

그렇게 했을 때 예수님이 나타나시고 가르치심으로 "너희 중에 두세 사람이 나 때문에 모이면, 나도 반드시 거기에 함께 있는 줄 알아라"(마 18:20, 메시지) 하는 말씀을 입증하셨다.

예수님은 그분의 이야기를 친히 나누신다. 의심하는 사람들에게 주시는 하나님의 처방은 성경 말씀이다.

> 신뢰할 수 있으려면 먼저 귀 기울여 들어야 합니다. 그러나 귀 기울여 들을 것이 있으려면 먼저 그리스도의 말씀이 전해져야 합니다(롬 10:17, 메시지).

그러므로 그리스도의 말씀에 귀 기울이라.

이렇게 간단하단 말인가? 의심과 믿음 사이의 틈이 성경 말씀과 성도 간의 교제로 메워진단 말인가? 다음번에 의심의 그림자가 어른거릴 때는 모세의 이야기와 다윗의 기도, 복음서의 간증과 바울의 편지에 몰두하라. 다른 그리스도인들과 교제하고 날마다 엠마오로 향하라. 길을 가는 중에 친절한 누군가가 다가와 지혜로운 가르침을 들려준다면… 그분을 저녁 식사에 초대하라.

말씀과 삶을 잇는 묵상 질문

1. 우리는 예수님이 갈보리 언덕 위의 십자가로 무엇을 가지고 오셨는지 안다. 모든 인류를 위한 용서다.
   - 당신이 십자가로 가져와야 할 죄나 불만의 목록은 무엇인가?

   - 당신의 염려는 무엇인가?

   - 이 목록들을 그리스도 앞에 가져오지 못하게 가로막는 것은 무엇인가?

2. 예수님은 부활하신 후 예루살렘에서 서쪽으로 7마일 떨어진 엠마오를 향해 걸어가는 두 제자를 만나셨다. 그리고 그들에게 무슨 이야기를 나누는 중인지를 물으셨다. 누가복음 24장 19-24절에 나오는 그들의 반응을 읽으라.
   - 두 제자는 예수님의 죽음에 대해 어떻게 느꼈는가?

   - 그들은 예수님의 부활에 관한 소문에 대해 어떻게 생각했는가?

   - 당신은 그리스도의 부활에 대해 믿지 못한 적이 있는가? 그때의 경험을 이야기해 보라.

   - 누가복음 24장 27-31절을 읽으라. 제자들의 의심에 대해 예수님은 어떻게 반응하셨는가?

3. 예수님은 엠마오로 가는 두 제자에게 나타나신 뒤 곧 다른 제자들에게도 나타

나셨다. 누가복음 24장 35-45절을 읽으라.

- 예수님은 제자들의 두려움과 의심에 대해 어떻게 반응하셨는가?

- 예수님은 왜 음식을 달라고 하셨을까?

- 이 이야기는 엠마오 이야기와 어떻게 비슷한가?

4. 어떻게 하면 지금도 예수님의 몸을 만질 수 있고 또 그분의 말씀에 대해 곰곰이 생각해 볼 수 있는가?

- 마음에 의심이 일 때 공동체가 도움이 되는 이유는 무엇인가?

- 당신에게 믿지 못하는 마음이 있었을 때 공동체는 어떤 역할을 했는가?

- 현재 당신은 신앙과 관련하여 믿지 못하는 부분이 있는가? 만약 그렇다면, 무엇인가?

- 공동체가 여기에 어떻게 도움을 줄 수 있을까? 의심을 품은 누군가에게 당신은 어떤 도움을 줄 수 있을까?

주

1장
1) 눅 1:33(현대인의 성경)

4장
1) Bradford Torrey (ca. 1875), "Not So in Haste, My Heart," Hymnary.org, https://hymnary.org/text/not_so_in_haste_my_heart?extended=true.

5장
1) David M. Howard Jr., *Joshua*, vol. 5, *The New American Commentary* (Nashville: Broadman & Holman, 2002), 212. (『NAC 여호수아』, 부흥과개혁사)
2) F. B. Meyer, *Joshua, and the Land of Promise* (London: Morgan and Scott, 1970), 96.
3) 신명기 27장도 보라.
4) C. S. Lewis, *Yours, Jack: Spiritual Direction from C. S. Lewis* (New York: HarperCollins, 2008), 152. (『당신의 벗, 루이스』, 홍성사)

6장
1) 마태복음 14장 22-25절
2) Tracey Gardone, "Eleven Days Versus 40 Years," *Greene County Messenger*, http://www.heraldstandard.com/gcm/opinion/guest_columnists/eleven-days-versus-40-years/article_64d00246-

60b5-5ce4-a7fd-3159c6d60192.html.

7장

1) Thomas Lake, "The Way It should Be: The Story of an Athlete's Singular Gesture Continues to Inspire. Careful, Though, It Will Make You Cry," *Sports Illustrated*, June 29, 2009, www.si.com/vault/2009/06/29/105832485/the-way-it-should-be.
2) 같은 글
3) 유다는 구원받은 것처럼 보이지만 실은 구원받지 않은 사람의 예다. 그는 3년 동안 예수님을 따라다녔다. 다른 제자들이 사도가 되었을 때 그는 사탄의 도구가 되고 있었다. 예수님이 "너희가 깨끗하나 다는 아니니라"라고(요 10:13) 하셨을 때, 이는 거짓 믿음을 지닌 유다를 두고 하신 말씀이다. 계속되는 죄는 불신앙을 드러낸다.

9장

1) William Barclay, *The Gospel of Matthew*, Vol. 2, *Daily Study Bible Revised Edition* (Philadelphia, PA: Westminster Press, 1975), 305. (『바클레이 성경 주석 2-마태복음(하)』, 기독교문사)
2) 끝나지 않고 지속되는 행동을 나타내는 미완료 시제가 사용되었다.
3) 마태복음 24장 2절, 저자 의역
4) 마태복음 23장 38절
5) Barclay, *The Gospel of Matthew*, 307.
6) 요한복음 16장 33절

10장

1) Max Lucado, *No Wonder They Call Him the Savior* (Nashville, TN: Thomas Nelson, 2004), 105. (『맥스 루케이도의 구원자 예수』, 아가페출판사)
2) Pierre Benoit, *The Passion and Resurrection of Jesus Christ*, trans. Benet Weatherhead (New York: Herder and Herder, 1969), 10. 다음 책에서 재인용. Frederick Dale Bruner, *Matthew: A Commentary*, vol.2, *The Churchbook*: Matthew 13-28 (Dallas: Word Publishing, 1990), 979.
3) Bruner, *The Churchbook*, 978.
4) Yann Martel, *Life of Pi* (Orlando, FL: Harcourt, 2001), 160. (『파이 이야기』, 작가정신)
5) 같은 책
6) Robert Wheler Bush, *The Life and Times of Chrysostom* (London, England: Religious Tract Society, 1885), 245.
7) Donald G. Bloesch, *The Last Things: Resurrection, Judgment, Glory* (Downers Grove, IL: InterVarsity Press, 2004), 125.
8) 같은 책
9) John Blanchard, *Whatever Happened to Hell?* (Wheaton, IL: Crossway Books, 1995), 63.
10) 같은 책, 62.
11) William Shakespeare, *Hamlet, The Complete Works of Shakespeare*, ed. Hardin Craig (Glenview, IL: Scott, Foresman and Company, 1961), 3.1.78-80. (『햄릿』, 문학동네)

12) N. T. Wright, *Christian Origins and the Question of God*, vol. 3, *The Resurrection of the Son of God* (Minneapolis: Fortress Press, 2003), 205-6.

11장

1) "351 Old Testament Prophecies Fulfilled in Jesus Christ," https://www.newtestamentchristians.com/bible-study-resources/351-old-testament-prophecies-fulfilled-in-Jesus-Christ/.

12장

1) 요한복음 19장 30절과 누가복음 23장 46절

사명선언문

너희가 흠이 없고 순전하여……세상에서 그들 가운데 빛들로
나타내며 생명의 말씀을 밝혀 _ 빌 2:15-16

1. 생명을 담겠습니다
만드는 책에 주님 주신 생명을 담겠습니다.
그 책으로 복음을 선포하겠습니다.

2. 말씀을 밝히겠습니다
생명의 근본은 말씀입니다.
말씀을 밝혀 성도와 교회의 성장을 돕겠습니다.

3. 빛이 되겠습니다
시대와 영혼의 어두움을 밝혀 주님 앞으로 이끄는
빛이 되는 책을 만들겠습니다.

4. 순전히 행하겠습니다
책을 만들고 전하는 일과 경영하는 일에 부끄러움이 없는
정직함으로 행하겠습니다.

5. 끝까지 전파하겠습니다
모든 사람에게, 땅 끝까지, 주님 오시는 그날까지
복음을 전하는 사명을 다하겠습니다.

서점 안내

광화문점 서울시 종로구 새문안로 69 구세군회관 1층
02)737-2288 / 02)737-4623(F)

강남점 서울시 서초구 신반포로 177 반포쇼핑타운 3동 2층
02)595-1211 / 02)595-3549(F)

구로점 서울시 동작구 시흥대로 602, 3층 302호
02)858-8744 / 02)838-0653(F)

노원점 서울시 노원구 동일로 1366 삼봉빌딩 지하 1층
02)938-7979 / 02)3391-6169(F)

일산점 경기도 고양시 일산서구 중앙로 1391 레이크타운 지하 1층
031)916-8787 / 031)916-8788(F)

의정부점 경기도 의정부시 청사로47번길 12 성산타워 3층
031)845-0600 / 031)852-6930(F)

인터넷서점 www.lifebook.co.kr